Copyright©2016 por
Alessandra Matos Gonçalves e
Renata Matos Villa

Todos os direitos reservados por:
A. D. Santos Editora
Al. Júlia da Costa, 215
80410-070 – Curitiba – Paraná – Brasil
+55(41)3207-8585
www.adsantos.com.br
editora@adsantos.com.br

Coordenação editorial:
Priscila Laranjeira

Capa:
Rogério Proença

Diagramação e projeto gráfico:
Manoel Menezes

Arte dos Anexos:
Daiana Ribeiro
Alessandro Carlos Gonçalves

Desenhistas:
Alessandro Carlos Gonçalves
Adrielle Meirelles

Impressão e acabamento:
Gráfica Exklusiva

Dados Internacionais de Catalogação na Publicação (CIP)

GONÇALVES, Alessandra Maria Matos; VILLA, Renata Matos
EBF e Colônia de Férias Criativas e Dinâmicas – Curitiba: A.D. SANTOS EDITORA, 2016.
248 p.
ISBN – 978.85.7459-383-8
1. Bíblia – Estudo e Ensino   2. Atividades Recreativas   3. Título.

CDD – 220-07

2ª Edição: Outubro / 2017

*Proibida a reprodução total ou parcial,
por quaisquer meios a não ser em citações breves,
com indicação da fonte.*

Edição e Distribuição:

Dedicatória

Em momentos especiais queremos estar com pessoas únicas, que realmente fazem nossa vida valer a pena – papai e mamãe são exatamente assim. Eles têm feito cada segundo de nossa vida valer a pena.

A vocês dedicamos este livro. Vocês que por muitas vezes abdicaram de seus próprios interesses por nós, simplesmente por nós.

Obrigada, papai Pedro Paulo Matos, que sempre nos ensinou o caminho da Salvação. Homem íntegro, correto e que se desvia do mal. A cada dia aprendemos com você a amar, perdoar, sermos justas e ter compaixão. Obrigada por nos pastorear.

Obrigada, mamãe Noemi Matos, em você encontramos a mulher sábia que edifica seu lar sobre a rocha. Mulher simples, tímida, amorosa e que a cada dia nos preenche de amor. Obrigada por nos amar!

Sim! Nós queremos dedicar a vocês, mentores de nosso ministério, mais esta realização de um sonho.

Nos os amamos infinitamente.

Alessandra e Renata

As autoras

Alessandra Matos Gonçalves, casada com Alessandro, mãe de Mateus e Gabriel. Advogada, pós graduada em Gestão Escolar. Desde os 12 anos envolvida no ministério infantil, trabalha em projetos de EBF há 18 anos e atualmente é membro da Igreja Cristã Comunhão em Família – Ministério Betânia Church.

Renata Matos Villa, casada com Bruno, mãe de Bruno Rafael e Bruna Rafaela, enfermeira, formada em teologia, trabalha com projetos de EBF há 16 anos. Membro da Igreja Cristã Comunhão em Família – Ministério Betânia Church.

Sumário

INTRODUÇÃO 1

1. ORGANIZAÇÃO E PLANEJAMENTO 5
   - **1.1.** PROGRAMAÇÃO DIÁRIA
   - **1.2.** ABERTURA
   - **1.3.** MOMENTO CÍVICO
   - **1.4.** PERÍODO DE LOUVOR
   - **1.5.** ORGANIZAÇÃO DAS TURMAS
   - **1.6.** EQUIPES E PROFESSORES
   - **1.7.** HORA DO LANCHE
   - **1.8.** FINALIZAÇÃO DIÁRIA

2. FUNÇÃO: DIRETOR DE EBF E ATRIBUIÇÕES 19
   - **2.1.** O "KIT DO DIRETOR"
   - **2.2.** ATRIBUIÇÕES DO DIRETOR
   - **2.3.** ORIENTAÇÕES GERAIS
   - **2.4.** DEPOIMENTOS

1º Programa para EBF de Cinco Dias
"VALEU A PENA JESUS MORRER POR MIM!"

3. **PLANEJAMENTO DIDÁTICO – PEDAGÓGICO**
   1º DIA DE PROGRAMAÇÃO DO TEMA: VALEU A PENA JESUS
   MORRER POR MIM! 45
   - **3.1.** OBJETIVO ESPECÍFICO
   - **3.2.** HISTÓRIA BÍBLICA: Atributos de Deus, o Céu.
   - **3.3.** MEMORIZAÇÃO: VERSÍCULO DO DIA:
     "Porque Deus amou o mundo de tal maneira que deu seu filho único para que todo aquele que nele crer não pereça mas tenha a vida eterna". João 3:16
   - **3.4.** BRINCADEIRAS:
     (FAIXA ETÁRIA 1: 4 A 7 ANOS): Lá no céu tem...
     (FAIXA ETÁRIA 2: 8 A 12 ANOS): Amarelinha
   - **3.5.** TRABALHO MANUAL
   - **3.6.** DEVER DE CASA

4. **PLANEJAMENTO DIDÁTICO – PEDAGÓGICO**
   2º DIA DE PROGRAMAÇÃO DO TEMA: VALEU A PENA JESUS
   MORRER POR MIM! 55
   - **4.1.** OBJETIVO ESPECÍFICO
   - **4.2.** HISTÓRIA BÍBLICA: O Pecado de Adão e Eva
   - **4.3.** MEMORIZAÇÃO - VERSÍCULO DO DIA:
     "Pois todos pecaram e carecem da Glória de Deus". Romanos 3:23
   - **4.4.** BRINCADEIRAS:
     (FAIXA ETÁRIA 1: 4 A 7 ANOS): Não pecado! Sim Jesus!

(FAIXA ETÁRIA 2: 8 A 12 ANOS): Ouça o que é bom e repreenda o mal!
  4.5. TRABALHO MANUAL
  4.6. DEVER DE CASA

5. **PLANEJAMENTO DIDÁTICO – PEDAGÓGICO**
   3º DIA DE PROGRAMAÇÃO DO TEMA: VALEU A PENA
   JESUS MORRER POR MIM! 69
   5.1. OBJETIVO ESPECÍFICO
   5.2. HISTÓRIA BÍBLICA: Nascimento, Vida, Morte e Ressurreição de Jesus
   5.3. MEMORIZAÇÃO - VERSÍCULO DO DIA:
   "... Cristo morreu pelos nossos pecados, segundo as Escrituras, foi sepultado e ressuscitou...". 1 Coríntios 15:3-4
   5.4. BRINCADEIRAS:
   (FAIXA ETÁRIA 1: 4 A 7 ANOS): Termômetro do coração
   (FAIXA ETÁRIA 2: 8 A 12 ANOS): Um convite de amor
   5.5. TRABALHO MANUAL
   5.6. DEVER DE CASA

6. **PLANEJAMENTO DIDÁTICO – PEDAGÓGICO**
   4º DIA DE PROGRAMAÇÃO DO TEMA: VALEU A PENA
   JESUS MORRER POR MIM! 81
   6.1. OBJETIVO ESPECÍFICO
   6.2. HISTÓRIA BÍBLICA: Jesus e os Discípulos, Jesus sobe aos Céus
   6.3. MEMORIZAÇÃO - VERSÍCULO DO DIA:
   "Mas a todos quantos o receberam deu-lhes o direito de se tornarem filhos de Deus". João 1:12
   6.4. BRINCADEIRAS:
   (FAIXA ETÁRIA 1: 4 A 7 ANOS): Avental da Salvação
   (FAIXA ETÁRIA 2: 8 A 12 ANOS): Dado da Salvação
   6.5. TRABALHO MANUAL
   6.6. DEVER DE CASA

7. **PLANEJAMENTO DIDÁTICO – PEDAGÓGICO**
   5º DIA DE PROGRAMAÇÃO DO TEMA: VALEU A PENA
   JESUS MORRER POR MIM! 91
   7.1. OBJETIVO ESPECÍFICO
   7.2. HISTÓRIA BÍBLICA: Timóteo

7.3. MEMORIZAÇÃO - VERSÍCULO DO DIA:
"Crescei na graça e no conhecimento de nosso Senhor e Salvador Jesus Cristo". 2 Pedro 3:18
7.4. BRINCADEIRAS:
(FAIXA ETÁRIA 1: 4 A 7 ANOS): Quebra-cabeça
(FAIXA ETÁRIA 2: 8 A 12 ANOS): Coloque a figura no lugar certo
7.5. TRABALHO MANUAL
7.6. DEVER DE CASA

**2º Programa para EBF de Cinco Dias
"MINHA VIDA NAS MÃOS DE DEUS!"**

8. PLANEJAMENTO DIDÁTICO – PEDAGÓGICO
1º DIA DE PROGRAMAÇÃO DO TEMA: MINHA VIDA NAS MÃOS DE DEUS! 103
  8.1. OBJETIVO ESPECÍFICO
  8.2. HISTÓRIA BÍBLICA: O Nascimento de Moisés
  8.3. MEMORIZAÇÃO - VERSÍCULO DO DIA: João 15:16
  "Entreguem todas as suas preocupações a Deus, pois Ele cuida de vocês". 1 Pedro 5:7
  8.4. BRINCADEIRAS:
  (FAIXA ETÁRIA 1: 4 A 7 ANOS): Monte o quebra-cabeça

(FAIXA ETÁRIA 2: 8 A 12 ANOS): Montando a sequência no avental
- **8.5.** TRABALHO MANUAL
- **8.6.** DEVER DE CASA

9. **PLANEJAMENTO DIDÁTICO – PEDAGÓGICO**
   2º DIA DE PROGRAMAÇÃO DO TEMA: MINHA VIDA NAS MÃOS DE DEUS! 117
   - **9.1.** OBJETIVO ESPECÍFICO
   - **9.2.** HISTÓRIA BÍBLICA: O Chamado de Moisés
   - **9.3.** MEMORIZAÇÃO - VERSÍCULO DO DIA:
     "Eis-me aqui, envia-me a mim". Isaías 6:8
   - **9.4.** BRINCADEIRAS:
     (FAIXA ETÁRIA 1: 4 A 7 ANOS): Coloque fogo na sarça
     (FAIXA ETÁRIA 2: 8 A 12 ANOS): As tábuas da Lei
   - **9.5.** TRABALHO MANUAL
   - **9.6.** DEVER DE CASA

10. **PLANEJAMENTO DIDÁTICO – PEDAGÓGICO**
    3º DIA DE PROGRAMAÇÃO DO TEMA: MINHA VIDA NAS MÃOS DE DEUS! 133
    - **10.1.** OBJETIVO ESPECÍFICO
    - **10.2.** HISTÓRIA BÍBLICA: Moisés anuncia a Palavra de Deus
    - **10.3.** MEMORIZAÇÃO – VERSÍCULO DO DIA:
      "Lâmpada para os meus pés é a tua Palavra e luz para os meus caminhos". Salmos 119:105
    - **10.4.** BRINCADEIRAS:
      (FAIXA ETÁRIA 1: 4 A 7 ANOS): Será que aconteceu mesmo?
      (FAIXA ETÁRIA 2: 8 A 12 ANOS): Organize o quadro
    - **10.5.** TRABALHO MANUAL
    - **10.6.** DEVER DE CASA

11. **PLANEJAMENTO DIDÁTICO – PEDAGÓGICO**
    4º DIA DE PROGRAMAÇÃO DO TEMA: MINHA VIDA NAS MÃOS DE DEUS! 149
    - **11.1.** OBJETIVO ESPECÍFICO
    - **11.2.** HISTÓRIA BÍBLICA: Moisés e o Poder de Deus.
    - **11.3.** MEMORIZAÇÃO - VERSÍCULO DO DIA:

"...e o sangue de Jesus, seu Filho, nos purifica de todo pecado".
Provérbios 4: 23
- **11.4.** BRINCADEIRAS:
  (FAIXA ETÁRIA 1: 4 A 7 ANOS): Acerte no cesto
  (FAIXA ETÁRIA 2: 8 A 12 ANOS): Desenhe e não esqueça
- **11.5.** TRABALHO MANUAL
- **11.6.** DEVER DE CASA

12. PLANEJAMENTO DIDÁTICO – PEDAGÓGICO 5º DIA DE PROGRAMAÇÃO DO TEMA: MINHA VIDA NAS MÃOS DE DEUS! 163
- **12.1.** OBJETIVO ESPECÍFICO
- **12.2.** HISTÓRIA BÍBLICA: A Provisão de Deus
- **12.3.** MEMORIZAÇÃO - VERSÍCULO DO DIA:
  "Sabemos que todas as coisas cooperam para o bem daqueles que amam a Deus". Romanos 8:28
- **12.4.** BRINCADEIRAS:
  (FAIXA ETÁRIA 1: 4 A 7 ANOS):
  (FAIXA ETÁRIA 2: 8 A 12 ANOS): Ajudando Moisés
- **12.5.** TRABALHO MANUAL
- **12.6.** DEVER DE CASA

13. ESPAÇO MISSIONÁRIO NAS EBF'S 175

14. BIBLIOGRAFIA 177

15. ANEXOS 179

16. SUGESTÕES PARA ENRIQUECER A EBF 233

Introdução

A EBF – Escola Bíblica de Férias, muitas vezes chamada de Colônia de Férias, é um método infalível de evangelismo infantil, com o objetivo de alcançar crianças para Cristo e fazer com que vivam uma vida saudável com Jesus. Um projeto no qual é usada uma forma dinâmica e lúdica para transmitir o Plano da Salvação.

Uma estrutura atrativa e que fascina as crianças e a todos que se envolvem nesse mundo evangelístico.

Durante muitos anos realizamos esse trabalho com muito amor e dedicação para a glória de Deus. Milhares de crianças são atingidas através do mesmo objetivo, que é falar e compartilhar o Amor de Deus. Crianças na faixa etária de 04 a 12 anos no estado do Rio de Janeiro. O amor e o capricho estão em cada detalhe de cada figura e palavra deste livro e das EBF's em geral.

Além disso, realizamos também capacitação para líderes em todo o país, compartilhando tudo que Deus tem feito e irá fazer com os pequeninos do Brasil.

Nosso ministério é composto por uma equipe que exala amor pelas crianças, uma equipe comprometida e que obedece ao IDE de Cristo. Uma equipe com dons e talentos que Deus nos presenteou e a qual estamos a cumprir seu chamado.

Que através desse livro crianças possam ser alcançadas a Cristo. Que Deus use sua vida e seu ministério.

Iremos apresentar 2 temas: "Valeu a Pena Jesus Morrer Por Mim" e "Minha Vida nas Mãos de Deus".

Tema 1: **VALEU A PENA JESUS MORRER POR MIM.**

Tema 2: **MINHA VIDA NAS MÃOS DE DEUS!**

***

Em cada um destes programas completos para EBF ou Colônia de Férias, você encontrará:

- Cinco lições bíblicas.
- Cinco versículos para memorização.

Também encontrará material didático, com apoio lúdico, como sugestões de brincadeiras, recursos visuais e atividades que reforçam a assimilação e entendimento da mensagem aplicada no dia. Você também encontrará:

- Dez sugestões de brincadeiras.
- Dez sugestões de trabalhos manuais.
- Dez sugestões de deveres de casa.

Temos o cuidado em organizar todo este material sempre levando em consideração a faixa etária das crianças, pois sabemos que os pequeninos diferem em raciocínio lógico e conhecimento de leitura e escrita, considerando as crianças maiores. Portanto, dividimos em duas faixas etárias:

- FAIXA ETÁRIA 1 (Crianças de 4 anos até 7 anos).

- FAIXA ETÁRIA 2 (Crianças de 8 anos até 12 anos).

Apresentamos ainda a proposta de momento missionário. Nossos missionários merecem ser lembrados e enaltecidos diante do trabalho tão necessário que é Missões.

E o nosso objetivo maior com este projeto, é atingir famílias inteiras através de tudo que realizamos, pois cremos que em cada lar sempre terá sido "plantada a semente da Palavra de Deus".

Com o dever de casa acreditamos que os responsáveis irão ajudar as crianças nas tarefas, por isso, sempre colocamos um texto resumo do ensinamento do dia, texto este que nos leva a entender que somente há um caminho que nos leva ao céu.

Assim, com uma criança que possui dois responsáveis e tem pelo menos um irmão, alcançaremos em média quatro pessoas em cada lar... Então, tentamos cumprir o que Jesus nos deixou como DEVER de cristãos...

"Ide por todo o mundo e pregai o evangelho a toda criatura"... Marcos 16:15.

As autoras

1.
Organização e planejamento

A equipe de planejamento deve pedir direção a Deus e analisar o que suas crianças precisam ouvir e vivenciar sobre a Palavra de Deus. O objetivo principal é focar no plano básico da salvação através da lição bíblica, memorização de versículos, louvores e todas demais atividades que englobam o programa.

Devemos sempre sonhar, mas acima de tudo "PLANEJAR", os temas e atividades para a EBF, considerando um prazo antecedente de pelo menos uns 8 meses. Consideramos um prazo bastante eficaz, pois podemos elaborar recursos, pensar no tema ideal de acordo com o propósito que objetivamos atingir, pesquisar atividades adequadas e coerentes com a faixa etária.

Em nosso "cronômetro" do planejamento elencamos as atividades e as respectivas datas que devem ser executadas e/ou organizadas todas as atividades necessárias para uma boa e eficaz organização de EBF:

Oito meses de antecedência...
- Escolha do tema, lições bíblicas, versículos para memorização. Agendar a data do evento na igreja e apresentar ao pastor o planejamento.
- Compartilhar a visão e objetivos do ano com o ministério de intercessão e convidá-los ao trabalho.

Sete meses de antecedência...
- Faça todo o planejamento de estrutura, pessoal e segurança.
- Faça o plano de ação para divulgação do evento em escolas, praças e pelo bairro.

Seis meses de antecedência...

- Escolha o diretor, coordenador e secretárias.
- Faça uma reunião para transmitir os objetivos do ano.

Cinco meses de antecedência...

- Início das campanhas mensais na igreja. *Campanha de oração* entre os membros da igreja para que os dias de EBF sejam dias de Salvação de crianças e famílias.
- Fazer o levantamento de todo o material para a realização deste evangelismo infantil.

Quatro meses de antecedência...

- Segundo mês de Campanha - *Campanha de materiais de secretaria* como: cola, tesoura sem ponta, lápis, caneta, papel, emborrachado, cartolina, bastão de cola quente, brindes...
- Início da oficina de EBF. Na oficina (sala de trabalho) os voluntários se apresentam para confecção de material para as crianças.

Três meses de antecedência...

- Terceiro mês da campanha. *Campanha de papel A4 branco*. Para uma EBF de 100 crianças usa-se em média 3.500 folhas.
- Inscrição, reunião com todos os voluntários e treinamento de pessoal.

Dois meses de antecedência...

- Quarto mês da Campanha – *Campanha de doação de blusas de EBF* para as crianças inscritas. Cada membro doa uma blusa para uma criança inscrita na EBF.
- Faça panfletos e convites. Comece com divulgação intensa.
- Organizar o material que será usado para ornamentar a igreja com o tema escolhido (Veja anexo).

Um mês de antecedência...

- Quinto mês de campanha – *Campanha de doação de doces, lanche e material descartável*. Durante este último mês os membros da igreja fazem doação de material para o lanche das crianças, bem como, os doces para o último dia.
- Separar em caixas os deveres de casa e trabalho manual, com seus respectivos materiais necessários para sua confecção. Separe por turma. Verificar se a decoração já está esquematizada e pronta. Últimos ajustes.
- Material para inscrição deve ser separado e fotocopiado para equipe realizar a prévia organização dos mesmos.

De quinze dias a uma semana de antecedência...

- Inscrições abertas!
- Faça uma campanha de jejum e oração pela salvação das crianças, pelas famílias e por toda a equipe.
- Preparativos finais! Verifique todo material de secretaria, crachá, carta dos pais, pastas de inscrição e tudo mais.

1.1. Programação diária.

Descrevemos em detalhes o cronograma de uma programação diária. Lembrando que trata-se de uma sugestão, podendo cada igreja adequar seus horários e atividades de acordo com sua realidade.

A programação a seguir apresenta detalhes de organização para planejamento diário com 3 horas de duração para o turno da manhã.

Programa (Manhã):	
9:00 – 9:05	Abertura
9:05 – 9:15	Hora cívica
9:15 – 9:20	Louvor
9:20 – 9:50	Momento Missionário (trem, caixa de oração...)
9:50 – 9:55	Louvor
9:55 – 10:05	Memorização de versículos
10:05 – 10:15	Divisão de turmas e Louvor
10:15 – 10:35	Lição Bíblica – Maiores no templo
10:35 – 10:55	Brincadeiras
10:55 – 11:05	Divisão de turmas e louvor
11:05 – 11:25	Lição Bíblica – Menores no templo
11:25 – 11:45	Brincadeiras
11:45 – 12:00	Louvor, anúncios e encerramento

1.2. Abertura.

Neste momento as crianças estão chegando e sendo recebidas pelos recepcionistas voluntários, que marcam presença nos crachás com uma etiqueta adesiva. O templo é dividido por classes **(faixa etária e sexo)**. O Ministério de Louvor começa com a música de boas-vindas e todos se cumprimentam. Uma oração inicial após o louvor é imprescindível. Esta oração inicial deverá ser de gratidão pela vida e por estar na casa de Deus para aprender e ouvir a Sua Palavra.

Uma estratégia interessante de memorização desde o primeiro dia é fazer as crianças repetirem em alto e bom som, repetidas vezes o tema da EBF. Isso cria um ambiente de "intimidade", familiarizando as crianças com o tema e a decoração apresentada, além de "quebrar o gelo" do primeiro dia, lembrando que temos crianças que talvez nunca tenham entrado em uma igreja.

Podemos criar estratégias variadas para dizer de maneiras diferentes e divertidas, como: dizer bem alto, dizer baixinho, dizer sorrindo, dizer chorando, assoviando...

1.3. Momento cívico.

Elaboramos e incluímos este momento para despertar nas crianças o respeito à Pátria, às autoridades e aos símbolos nacionais. Conceitos estes que infelizmente têm sido "extinguidos", perdendo o vínculo de amor e respeito ao nosso país. Bandeiras são erguidas e os hinos correspondentes a cada bandeira é entoado, bem como seu juramento. A ajuda de militares com fardas traz uma "imponência" especial a este momento. Destacamos a seguir o juramento e os hinos de cada bandeira.

- JURAMENTO À BANDEIRA NACIONAL:

    "PROMETO AMAR AO BRASIL E AS AUTORIDADES,
    SER FIEL A MINHA PÁTRIA E ÀS LEIS
    RESPEITANDO ASSIM AS ORDENANÇAS DE DEUS".

- HINO NACIONAL BRASILEIRO

    *Letra: Joaquim Osório Duque Estrada
    Música: Francisco Manoel da Silva

    Ouviram do Ipiranga as margens plácidas
    De um povo heróico o brado retumbante,
    E o sol da Liberdade, em raios fúlgidos,
    Brilhou no céu da Pátria nesse instante.

    Se o penhor dessa igualdade
    Conseguimos conquistar com braço forte,
    Em teu seio, ó Liberdade,
    Desafia o nosso peito a própria morte!

    Ó Pátria amada,
    Idolatrada,
    Salve! Salve!

Brasil, um sonho intenso, um raio vívido
De amor e de esperança à terra desce,
Se em teu formoso céu, risonho e límpido,
A imagem do Cruzeiro resplandece.

Gigante pela própria natureza,
És belo, és forte, impávido colosso,
E o teu futuro espelha essa grandeza

Terra adorada,
Entre outras mil,
És tu, Brasil,
Ó Pátria amada!

Dos filhos deste solo és mãe gentil,
Pátria amada,
Brasil!

II

Deitado eternamente em berço esplêndido,
Ao som do mar e à luz do céu profundo,
Fulguras, ó Brasil, florão da América,
Iluminado ao sol do Novo Mundo!

Do que a terra mais garrida
Teus risonhos, lindos campos têm mais flores;
"Nossos bosques têm mais vida",
"Nossa vida" no teu seio "mais amores".

Ó Pátria amada,
Idolatrada,
Salve! Salve!

Brasil, de amor eterno seja símbolo
O lábaro que ostentas estrelado,
E diga o verde-louro desta flâmula
– Paz no futuro e glória no passado.

Mas, se ergues da justiça a clava forte,
Verás que um filho teu não foge à luta,
Nem teme, quem te adora, a própria morte.

Terra adorada
Entre outras mil,
És tu, Brasil,
Ó Pátria amada!

Dos filhos deste solo és mãe gentil,
Pátria amada,
Brasil!

- JURAMENTO À BANDEIRA CRISTÃ:

    "PROMETO AMAR A DEUS DE TODO O MEU CORAÇÃO E SOMENTE A ELE SERVIR. SER FIEL A SUA PALAVRA SER UM BOM COLEGA E CUMPRIR COM TODOS OS MEUS DEVERES COMO UM BOM SOLDADO DE JESUS CRISTO".

- HINO A BANDEIRA CRISTÃ (Neste momento apresente a bandeira cristã).

    "SOU DO SENHOR E ELE É MEU"! SUA BANDEIRA É O AMOR SUA BANDEIRA SOBRE MIM É O AMOR! ACOLHE-ME EM SEUS BRAÇOS, SUA BANDEIRA É O AMOR. SUA BANDEIRA SOBRE MIM É O "AMOR".

- JURAMENTO À BÍBLIA:

    "PROMETO SER FIEL E AMAR A PALAVRA DE DEUS, SEGUIR TODOS OS SEUS MANDAMENTOS E OBEDECÊ-LOS, POR TODA A MINHA VIDA".

- HINO À BÍBLIA:

    "B – I – B – L – I – A
    É O LIVRO DO MEU DEUS
    EU GUARDO NO MEU CORAÇÃO
    B – I – B – L – I – A
    BÍBLIA!"

    *Cântico da APEC:
    Aliança Pró Evangelização de Crianças

1.4. Período de louvor.

Que momento maravilhoso onde podemos ensinar as crianças a adorar a Deus e a exaltar ao nome santo do Senhor! Momento de reverência e adoração! Seguem algumas dicas para tornar este momento mais que especial!

- Escolha louvores que tenham ensinamentos bíblicos, ou seja, base bíblica.
- Ensaie com os músicos antecipadamente e aprenda a letra.
- Use roupas coloridas ou temáticas e alguns acessórios que despertem a atenção das crianças.
- Explique as palavras difíceis e repita algumas vezes.
- Faça deste momento um dos melhores momentos da EBF, momento de ouvir a voz de Deus através dos louvores, de reforçar o ensinamento do dia, de aprender os atributos de Deus, momento que irá ficar gravado pra sempre em suas mentes e coração. Deus seja louvado!

(Veja anexo: detalhes de roupas tematizadas e/ou uniformes conforme decoração do tema).

1.5. Organização das turmas.

Dividimos as crianças de 4 a 12 anos em 12 classes e uma classe de crianças especiais.

Seguem sugestões de nomes de classes e suas respectivas idades e sexo.

Meninas:
- ESTRELINHAS BRILHANTES (4 anos)
- SININHOS ALEGRES (5 anos)
- OVELHINHAS DE JESUS (6 e 7 anos)
- BOAS NOVAS (8 e 9 anos)
- ESTER (10 anos)
- PRINCESAS DO REI (11 e 12 anos)

Meninos:
- SEMENTE DE GENTE (4 anos)
- RESSURGIU (5 anos)
- BOM MENINO (6 e 7 anos)
- APÓSTOLOS (8 e 9 anos)
- DISCÍPULOS (10 anos)
- CONQUISTADORES (11 e 12 anos)

Crianças especiais:
- PRESENTE DE DEUS (Turma de crianças especiais) – Para esta turma dispensamos vagas apenas para a parte da manhã, também, deve-se analisar o perfil do professor que irá conduzi-la, o ideal é buscar pessoas com experiência e aptidão.

No momento da lição bíblica e das brincadeiras essas classes se dividem.

- *Primeiro momento:*

    Ficamos com crianças de 4 a 7 anos e a Classe Especial para contar a lição bíblica e fazer as brincadeiras e, enquanto isso, as classes de 8 a 12 anos vão para as salas realizarem o trabalho manual e fazer o lanche.

- *Segundo momento:*

    Logo após o primeiro momento, haverá uma troca de crianças no templo. Os maiores voltam para o interior do templo para ouvir a lição bíblica e brincar e os menores vão para as salas realizar o trabalho manual e fazer o lanche. Lembramos que cada igreja possui uma estrutura física, portanto, adeque-se sempre a sua realidade de espaço.

    Se você não possui espaço para dividir as crianças em dois grandes grupos, aqui vai uma sugestão: na comunidade do Dona Marta em Botafogo, Rio de Janeiro, temos apenas um espaço com banheiro e palco e não temos cadeiras. Neste caso, reduzimos em 30 minutos nossa programação e realizamos tudo no local com muita alegria e domínio das crianças. O controle é fundamental para ter êxito nos objetivos de cada acontecimento.

Programa de 2 horas e meia:	
9:00 – 9:05	Abertura
9:05 – 9:15	Hora cívica
9:15 – 9:25	Louvor
9:25 – 9:45	Momento Missionário (trem, caixa de oração...)
9:45 – 9:55	Louvor
9:55 – 10:05	Memorização de versículos
10:05 – 10:30	Lição Bíblica com Teatro
10:30 – 10:45	Brincadeiras
10:45 – 11:10	Trabalho Manual e Lanche
11:10 – 11:20	Louvor
11:20 – 11:30	Recreação e Encerramento

1.6. Equipes e professores.

É fundamental que a equipe seja composta por pessoas que amam a Deus e amem as crianças. Pessoas que reconheçam o Senhor Jesus como seu único e suficiente Salvador.

Também é importante que a equipe seja composta por pessoas que sejam submissas aos seus líderes e sejam comprometidas com o Senhor e com seus deveres e principalmente com o Ministério.

O **Professor** é o líder e responsável por uma turma, ele lidera seus auxiliares e responde pela classe. É quem nomeia cada auxiliar nas funções da classe. Possui habilidade na área do ensino. Deve estar pronto para aconselhar seus alunos, participar dos treinamentos e reuniões, orar por seus alunos e fazer o acompanhamento pós EBF.

A função de **Auxiliar de Professor** é muito importante, é a pessoa que se dispõe a "somar" junto com o professor, para conduzir com excelente aproveitamento a turma a eles "confiada", para que todas as tarefas sejam executas com sucesso. É uma pessoa sempre disposta e pronta para ajudar.

Inspetor é aquele que cuida da classe na parte externa, dá suporte ao professor e sua equipe e auxilia no lanche e reposição de material, mantem a sala limpa após o uso. Cuida da disciplina inclusive nos corredores e banheiros. Promove a ordem.

Pessoal de Apoio são as pessoas que se dispõem a dar suporte na secretaria, área externa e em situações de controle dos grupos de crianças quando estes circulam pela igreja nas trocas de atividades.

Lancheiras e **Lancheiros** são os voluntários que auxiliam na cozinha preparando todo o lanche para as crianças.

Portaria (porteiros) são os voluntários que fazem a segurança nas portas da igreja para entrada e saída das crianças.

Pastores de Plantão são pastores escalados para que tenhamos cobertura espiritual durante toda a programação, intercedendo pelo evento e também realizando aconselhamento pastoral quando necessário.

1.7. Horas do lanche.

Como as crianças aguardam este momento! Para muitas, quando realizamos EBFs em comunidades carentes, é o único alimento do dia.

O lanchinho deve ser feito com muito amor e carinho, num ambiente higienizado e limpo. Segue o cardápio sugestivo de uma programação de cinco dias:

1º DIA:
- Que tal um Sanduíche natural?
- Pão com queijo, alface e tomate.
- Suco de manga

2º DIA:
- Que tal uma oficina onde cada criança prepara seu lanche?
- Oficina de Cup Cakes – Ingredientes necessários:
- Bolinho, recheio de doce de leite ou brigadeiro
- Cobertura de chantilly e confete por cima
- Suco de Goiaba

3º DIA:
- Biscoito recheado ou batata ondulada com suco de maracujá

4º DIA:
- Que tal um *self service* de salada de frutas?
- Coloque 5 tipos de frutas como exemplo:
- Banana, laranja, mamão, manga e maçã em potes separados e a criança passa e monta sua salada de frutas.

5º DIA:
- Último dia sempre uma grande festa de encerramento. Que tal um hot-dog com bolo e suco?
- Poderá entregar o bolo já embrulhado para facilitar.

1.8. Finalização diária.

No final de cada dia realizamos um período chamado **Recreação**, onde todos os participantes gastam suas últimas energias louvando ao Senhor! Com músicas de movimentos e coreografias é um momento muito esperado pelas crianças onde fazemos uma grande festa! Realizamos exercícios de aeróbica levíssimos e super divertidos.

Os **Anúncios finais** deverão acontecer neste momento, onde o dirigente anunciará o que acontecerá no dia seguinte. Como por exemplo: a criança deverá trazer o crachá e o dever de casa, bem como, vir com sua blusa da EBF. Trazer o recadinho para os professores e pedidos de oração, cartinha para os missionários e muita disposição, é claro!

Numa EBF de cinco dias, no terceiro dia realizamos o **Dia do Amigo**.

É o dia que cada criança traz um quilo de alimento para doar para o projeto missionário adotado na EBF. Funciona! As crianças gostam de ajudar ao próximo! Se possível, escolha um de cada classe e leve-os para fazer a entrega dos alimentos junto com a equipe. Será uma experiência inesquecível para as crianças e para a equipe (Veja convite em anexo).

No último dia da EBF realizamos uma **Reunião com os Pais** onde temos a oportunidade de compartilhar com eles, tudo o que a criança aprendeu nesses dias e aproveitar a oportunidade para falar de Jesus e convidá-la para conhecer a Igreja. Distribua convites e um lanchinho. Podendo aproveitar o mesmo lanche oferecido às crianças neste dia, por isso, aumente a quantidade de lanche no último dia.

2.
Função:
Diretor de EBF e atribuições.

O diretor de uma EBF é o grande idealizador de todo o projeto. Ele "sonha" os mínimos detalhes e direciona toda a equipe.

O diretor deve deixar claro para cada voluntário suas funções, ele é assessorado pelo coordenador e secretários que executam toda a "máquina" chamada Escola Bíblica de Férias.

Essas pessoas que compõem a equipe básica (diretor, coordenador e secretários) devem ser unidas e trabalhar para a mesma direção e com o mesmo objetivo. Devem ser companheiros e deve haver harmonia entre si.

Para esta função de suma importância dentro deste projeto, preparamos um kit onde constam todos os formulários necessários para a realização da parte administrativa da EBF.

2.1. O "Kit do Diretor".

Este material foi elaborado especialmente para o Diretor, idealizador dos projetos de EBF. Elaboramos materiais de organização e divulgação para facilitar a execução de todas as etapas do projeto, a fim de manter uma organização exemplar.

Destacamos a seguir os exemplares destes materiais referentes ao tema: VALEU A PENA JESUS MORRER POR MIM desde o planejamento inicial com a criação do tema aos cartazes de divulgação e formulários pertinentes a organização do evento.

Planejamento:

Versículo-chave: É a base bíblica que irá "impulsionar" todo contexto espiritual do projeto, a escolha do tema e a base bíblica, demandam de muitas orações e orientação de Deus para que possamos direcionar mais uma EBF com o único e maior objetivo de todos: ALCANÇAR VIDAS PARA CRISTO, portanto, toda palavra, cada ação e futuramente cada planejamento sempre será "alicerçado" nesta base bíblica, servindo-nos de inspiração.

Como exemplo, destacamos a base bíblica que foi utilizada na EBF Tema: **Valeu a pena Jesus morrer por mim!**

> "Com amor eterno te amei, e com bondade te atraí".
> (Jeremias 31:3)

Objetivo geral: A elaboração do objetivo é importante para que observemos o contexto didático pedagógico do projeto, considerando as atividades que serão criadas para compor todo evento. Sabemos que a qualidade pedagógica do projeto em muito implicará em seu sucesso num todo, pois temos a convicção que através da educação e conhecimento podemos "alavancar" ideias e conceitos firmados e FUNDAMENTADOS na PALAVRA DE DEUS.

E para exemplificar a elaboração do objetivo geral, ou objetivos gerais, descrevemos os quais tratam da EBF: VALEU A PENA JESUS MORRER POR MIM!

- Levar crianças a Salvação em Cristo Jesus. Mostrar-lhes que Jesus é o Único Caminho que nos leva para Deus; incentivando-as a ter uma vida de santidade e comunhão com Deus para que possam crescer a cada dia Nele, tendo assim a possibilidade de ter uma vida reta e pura perante Deus.
- Este ano será enfatizada a vida de Jesus através do plano básico da Salvação, usaremos as cores que nos lembram tudo que Deus planejou para que pudéssemos ter a vida eterna.

Cartaz de divulgação da EBF:

É importante que sejam elaboradas estratégias de divulgação do evento, portanto, os cartazes são um excelente recurso para isto.

Estamos disponibilizando a imagem de um de nossos cartazes de Divulgação, sugestionando uma formatação e modelo. Opte pelo tamanho de uma folha de A3 e ainda sim, aproveite a arte e faça também panfletos de tamanho 10X15 e distribua-os em praças, ruas e escolas. Dê para as crianças na escola dominical e peça para que convidem outras crianças e vizinhos e colegas da escola. Faça em tamanho A4 espalhe pelas lojas comerciais do bairro, em murais de escolas e na igreja.

A próxima sugestão para o diretor é mandar para a gráfica, ou imprimir os crachás dos voluntários que participaram das equipes de EBF.

Segue uma sugestão de tabela para inscrição dos voluntários da EBF. Listagem com nomes e funções.

* Voluntários *							
Turma das MENINAS							
4 a 12 anos (Manhã)							
Turmas *(Função)*	Professor (a)	Aux. 1	Aux. 2	Aux. 3	Aux. 4	Aux. 1	Aux. 6
Estrelinhas de Jesus *(4 anos)*							
Sininhos Alegres *(5 anos)*							
Ovelhinhas de Jesus *(6 / 7 anos)*							
Boas Novas *(8 / 9 anos)*							
Rebeca *(10 anos)*							
Princesas do Rei *(11 / 12 anos)*							

* Voluntários *							
Turma das MENINOS							
4 a 12 anos (Manhã)							
Turmas *(Função)*	Professor (a)	Aux. 1	Aux. 2	Aux. 3	Aux. 4	Aux. 1	Aux. 6
Semente de Jesus *(4 anos)*							
Ressurgiu *(5 anos)*							
Bom menino *(6 / 7 anos)*							
Apóstolos *(8 / 9 anos)*							
Bandeirantes *(10 anos)*							
Conquistadores *(11 / 12 anos)*							

* Voluntários – Turma Especial *							
Unissex – Idades Variadas							
Presente de Deus (Manhã)							
Turmas *(Função)*	Professor (a)	Aux. 1	Aux. 2	Aux. 3	Aux. 4	Aux. 1	Aux. 6

* Voluntários *				
Lanche / Portaria / Apoio / Inspetor				
(Manhã)				
Área	*Lanche*	*Portaria*	*Apoio*	*Inspetor*
Responsável				
Aux. 1				
Aux. 2				
Aux. 3				
Aux. 4				
Aux. 5				
Aux. 6				

2. Função: Diretor de EBF e atribuições.

* Voluntários *							
Turma das MENINAS							
4 a 12 anos (Tarde)							
Turmas *(Função)*	Professor (a)	Aux. 1	Aux. 2	Aux. 3	Aux. 4	Aux. 1	Aux. 6
Estrelinhas de Jesus *(4 anos)*							
Sininhos Alegres *(5 anos)*							
Ovelhinhas de Jesus *(6 / 7 anos)*							
Boas Novas *(8 / 9 anos)*							
Rebeca *(10 anos)*							
Princesas do Rei *(11 / 12 anos)*							

* Voluntários *							
Turma das MENINOS							
4 a 12 anos (Tarde)							
Turmas *(Função)*	Professor (a)	Aux. 1	Aux. 2	Aux. 3	Aux. 4	Aux. 1	Aux. 6
Semente de Jesus *(4 anos)*							
Ressurgiu *(5 anos)*							
Bom menino *(6 / 7 anos)*							
Apóstolos *(8 / 9 anos)*							
Bandeirantes *(10 anos)*							
Conquistadores *(11 / 12 anos)*							

* Voluntários *				
Lanche / Portaria / Apoio / Inspetor				
(Tarde)				
Área	Lanche	Portaria	Apoio	Inspetor
Responsável				
Aux. 1				
Aux. 2				
Aux. 3				
Aux. 4				
Aux. 5				
Aux. 6				

* Voluntários dos Turnos (Manhã / Tarde) *			
Inscrição para Almoço			
1. _____	11. _____	21. _____	31. _____
2. _____	12. _____	22. _____	32. _____
3. _____	13. _____	23. _____	33. _____
4. _____	14. _____	24. _____	34. _____
5. _____	15. _____	25. _____	35. _____
6. _____	16. _____	26. _____	36. _____
7. _____	17. _____	27. _____	37. _____
8. _____	18. _____	28. _____	38. _____
9. _____	19. _____	29. _____	39. _____
10. _____	20. _____	30. _____	40. _____

Sugestão para inscrição das crianças...

- Para cada classe use uma pasta com trilho, faça a capa com os dados da classe e coloque dentro as fichas de inscrição. Coloque a quantidade certa de fichas e numere para controle das vagas.

2. Função: Diretor de EBF e atribuições.

- Na contracapa cole a folha sugestiva de instrução para inscrição, para que o voluntário na hora da inscrição siga os passos corretos para não haver erro nas pastas. Segue a foto da pasta de sugestão com a capa na frente.
- Ao fazer a inscrição o responsável leva o crachá da criança já preenchido e a carta aos pais dando boas vindas e algumas observações.

INSTRUÇÕES PARA INSCRIÇÃO

1. No ato da inscrição deverá ser apresentado um documento que comprove a idade da criança.
   Ex.: Carteira escolar, certidão de nascimento;

2. Por favor, preencha todos os dados que são pedidos na ficha;

3. Será entregue o crachá e a carta de informação aos pais;

4. Atrás do crachá coloque um telefone para contato do responsável pela criança e se ela irá embora sozinha ou não;

5. Não tendo mais vagas, por favor, não encaixe nenhuma criança, a não ser que tenha a autorização da diretora na ficha de inscrição;

6. Cuidado para não fazer inscrições repetidas.

"TUDO QUE FIZERES, FAZE-O PARA O SENHOR, E NÃO PARA HOMENS."

DEUS ABENÇOE SUA VIDA

Diretor da EBF 2012

Modelo de carta aos pais e crachá das crianças.

ESCOLA BÍBLICA DE FÉRIAS
VALEU A PENA JESUS MORRER POR MIM

É com muita alegria que chegamos até os senhores pais para oferecer aos seus filhos três dias de alegria e muita diversão. Receberemos seus filhos para três dias de atividades, estudo da Bíblia e companheirismo.

A EBF é muito importante, pois ela ensina as crianças aprenderem a viver uma vida plena, adquirindo bons hábitos, como: aprender histórias bíblicas, exercitar suas habilidades, cantar, fazer trabalhos manuais, ser companheiro, orar, etc.

Durante os últimos meses nossa igreja tem trabalhado muito para oferecer as crianças da comunidade esses inesquecíveis dias.

Pedimos a colaboração dos senhores no que se refere aos itens abaixo:
1. As crianças deverão chegar com 10 minutos de antecedência.
2. A saída será no horário estabelecido – às 12:00 para crianças matriculadas no turno da manhã e às 17:00h para crianças matriculadas no turno da tarde.
3. A criança deverá levar sempre seu crachá e dever de casa; além de estar vestido com a blusa da E.B.F.

O lanche durante esses dias será doado pela comunidade, que está se mobilizando para o mesmo, portanto, a criança não precisará trazer lanche de casa.

Desde já agradecemos por enviar seu filho (a) para a E.B.F.

A DIREÇÃO

Campanhas

Ao longo desses anos, temos adotado as campanhas mensais em nossa igreja e tem dado muito certo. Os membros gostam de ajudar e tem prazer em louvar ao Senhor com suas ofertas em prol deste projeto chamado EBF. Descrevemos a seguir cinco sugestões de campanhas que você também pode fazer em sua igreja.

1º Campanha:

De oração – Convocamos toda a igreja para estar conosco neste propósito de oração pelas crianças, cujo objetivo maior é a Salvação das crianças e seus familiares.

É fundamental que se tenha uma equipe de intercessão fixa durante todo esse período, equipe de irmãos da igreja que tenham este ministério e que se dispõe a esse propósito. Dê aos irmãos do Ministério de Oração e intercessão os nomes dos voluntários que participarão do evento, para que eles orem por eles, por suas famílias e por toda a estrutura da EBF.

Faça um marcador de livros para entregar aos membros da igreja dando início as campanhas.

Segue o modelo.

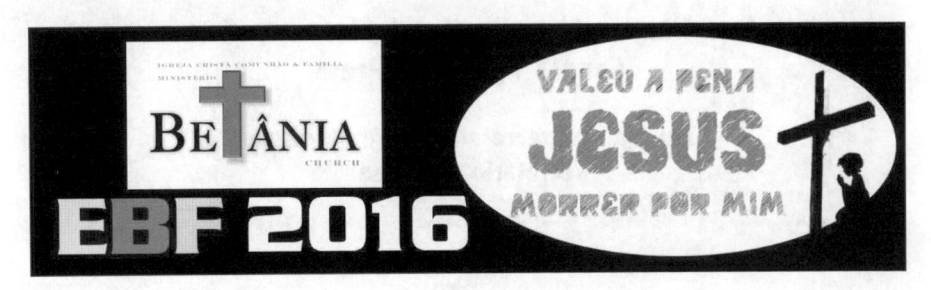

2° Campanha:

De Material de Papelaria – Pedimos material como: cola branca e de isopor, tesoura sem ponta, papel, lápis, borracha, giz de cera, caneta de retroprojetor, bastão de cola quente, cartolina, papel dupla face, papel camurça, emborrachado, palito de picolé, envelope e o que mais achar necessário. Nesta campanha temos a parceria da escola dominical em todas as classes. Então, fazemos lembretes e vamos de classe em classe divulgando e pedindo doação de um item da listagem. Este material doado será empregado em todas as classes da EBF e será utilizado pelas crianças para a realização de todas as atividades que dispomos durante o momento pedagógico da EBF. Segue a ideia dos lembretes:

Mês de Abril
Escola Dominical – EBD

**Sua Classe está responsável por arrecadar:
Caneta tipo Pilot Preta**

Entregar na secretaria da igreja ou ao
secretário da classe

Mês de Abril
Escola Dominical – EBD

**Sua Classe está responsável por arrecadar:
Giz de Cera**

Entregar na secretaria da igreja ou ao
secretário da classe

Mês de Abril
Escola Dominical – EBD

**Sua Classe está responsável por arrecadar:
Tesoura Escolar**

Entregar na secretaria da igreja ou ao
secretário da classe

Mês de Abril
Escola Dominical – EBD

**Sua Classe está responsável por arrecadar:
Lápis e Borracha**

Entregar na secretaria da igreja ou ao
secretário da classe

Mês de Abril
Escola Dominical – EBD

**Sua Classe está responsável por arrecadar:
Fita Durex Colorida**

Entregar na secretaria da igreja ou ao
secretário da classe

Mês de Abril
Escola Dominical – EBD

**Sua Classe está responsável por arrecadar:
Cola Branca (90 gr ou 250 gr)**

Entregar na secretaria da igreja ou ao
secretário da classe

2. Função: Diretor de EBF e atribuições.

Mês de Abril
Escola Dominical – EBD

**Sua Classe está responsável por arrecadar:
Papel Camurça (qualquer cor)**

Entregar na secretaria da igreja ou ao
secretário da classe

Mês de Abril
Escola Dominical – EBD

**Sua Classe está responsável por arrecadar:
Brinquedos Diversos**

Entregar na secretaria da igreja ou ao
secretário da classe

Mês de Abril
Escola Dominical – EBD

**Sua Classe está responsável por arrecadar:
Cartolina Dupla Face (qualquer cor)**

Entregar na secretaria da igreja ou ao
secretário da classe

3° Campanha:

Papel A4 branco – Nesta campanha pedimos os membros da igreja que chegue a igreja com pelo menos um pacote com 100fls e sempre definimos uma data para entrega, como por exemplo, "na próxima vez que vier ao culto". Gastamos em média para cada criança 35 folhas para uma EBF de 5 dias. Se a sua realidade, por exemplo, for uma EBF para 100 crianças pode se calcular em média 3.500 folhas para trabalhar, este quantitativo inclui: trabalho manual, dever de casa, ficha de inscrição, certificado, capa do envelope do dever de casa e do ultimo dia, carta aos pais entre outros.

4° Campanha:

Doação de Blusas – Em nossas EBF'S as crianças não pagam para participar, quem paga a "conta" são membros da igreja. As crianças recebem uma blusa temática quando participam da EBF, esta blusa é dada no primeiro dia e elas terão que voltar os outros dias com a blusa, servindo como uma forma de "identificação" e mostrando que aquela criança está participando da Escola Bíblica de Férias.

Nas mangas dividimos por cor, identificando assim cada classe, na frente da blusa estampamos a logomarca do ano, e atrás a logomarca da igreja.

Para esta campanha fazemos um envelope especifico para que os membros depositem no momento do ofertório. Em um envelope pequeno colamos um papelzinho escrito o valor de cada blusa e distribuímos em todos os cultos do mês. Segue a foto sugestiva das blusas desta EBF e o modelo de envelope.

5° Campanha:

Doação de Doces e lanches – Para este mês de campanha preparamos sempre uma listagem de doces, lanches e materiais descartáveis e cada membro participa, cada um dentro da sua realidade de vida, colabora com um ou mais itens, coloca seu nome na listagem e entrega na data estipulada. Sempre montamos um stand para receber as pessoas, colocamos esta listagem na cantina e na secretaria da igreja. É muito legal ver o povo de Deus abraçando o projeto e chegando junto com todo o material que precisamos. Deus é Fiel e cuida dos mínimos detalhes! Segue abaixo a sugestão da listagem de doces e lanches.

* Doação de Lanches / Doces para EBF *	
Quantidade	*Nome*
5 PAC. DE BISCOITO RECHEADO	
2 PACOTES DE PÃO DE FORMA	
2 KG DE AÇUCAR	
3 GARRAFAS DE REFRIGERANTE	
2 KILOS DE PRESUNTO	
2 KILOS DE QUEIJO MUSSARELA	
2 KILOS DE SALSICHA	
2 PACOTES DE PÃO DE HOT-DOG	
2 PACOTES DE GUARDANAPO	
3 PAC C/100 COPO DESCARTÁVEL	
2 GARRAFAS DE SUCO DE CAJU	
2 GARRAFAS DE SUCO DE MARACUJA	
2 GARRAFAS DE SUCO DE GOIABA	
2 PACOTES DE WAFFER	
2 SACOS DE BALAS MASTIGÁVEL	
2 PACOTES DE PIRULITOS	
2 PACOTES COM 25 PIPOCAS	
1 PACOTE DE BANANADA	
1 PACOTE DE PAÇOCA	
2 CAIXAS DE CHICLETE	

Para o dever de casa preparamos um envelope de meio ofício onde é colocado pelo auxiliar de professor a cada dia, o dever correspondente a sua idade. No dia seguinte o aluno retorna com o dever de casa feito e o professor ou auxiliar deve corrigi-lo. Sempre coloque um elogio no dever realizado. Segue a sugestão da folha que deve ser colada na parte da frente do envelope.

Já para o último dia, preparamos todos os trabalhos manuais feitos pelo aluno e colocamos num envelope. O aluno leva no último dia como recordação da EBF. Segue a sugestão da folha que deve ser colada no envelope do último dia. Este envelope deve ser do tamanho ofício.

2. Função: Diretor de EBF e atribuições.

No último dia também entregamos um convite para cada criança vir a Escola Dominical. Segue o modelo de convite para Escola Bíblica Dominical.

EBD
Escola Bíblica Dominical

A Escola Bíblica de Férias não acaba aqui!

Você pode conhecer muitas outras lições bíblicas e fazer novas amizades, isso tudo com muita diversão na **Escola Bíblica Dominical**.

Aprenda novas histórias sobre o amor de Deus. Traga toda sua família e os amiguinhos, pois temos uma classe especial para cada um deles, de acordo com as idades.

TODOS OS DOMINGOS de 9 às 10h.

ESPERAMOS POR VOCÊS

Igreja Cristã Comunhão em Família
Ministério Betânia Church
Rua Eliseu de Alvarenga, 1022 - Nilópolis - RJ

No último dia realizamos uma reunião com os responsáveis e para isso elaboramos um convite para as crianças entregarem aos pais ou responsáveis. Segue a sugestão de convite.

> **Querido Responsável,**
>
> Amanhã é o grande encerramento da nossa EBF, por isso gostaríamos de convidar você para uma reunião onde falaremos o que seu filho aprendeu nesses dias conosco.
>
> Obrigado pela confiança em nós depositada e, com a sabedoria de Deus, prossigamos sempre ensinando a criança o caminho que deve andar e, jamais, ela se desviará dele.
>
> **ESPERAMOS VOCÊ ÀS 11h (turno da manhã) OU ÀS 16h (turno da tarde)**

2. Função: Diretor de EBF e atribuições.

Para o Dia do Amigo também elaboramos um lembrete para as crianças não esquecerem de trazer o alimento no dia seguinte. Segue a sugestão deste lembrete.

FELIZ DIA DO AMIGO

Amanhã comemoraremos o **DIA DO AMIGO** e queremos ajudar aqueles amiguinhos que precisam de nós. Então amanhã estaremos recebendo alimentos não perecíveis.

Solicitamos aos responsáveis que, se possível, enviem **1 (um) quilo de alimento** através de seu filho.

Estamos aprendendo em nossa EBF a amar o próximo e assim queremos ajudar as crianças de outros lugares que precisam de nossa ajuda.

Obrigado por colaborar!

No último dia de EBF as crianças recebem um certificado de aproveitamento. Segue o modelo como sugestão de certificado.

E por último, segue o modelo de banner que poderá ser feito para a decoração do templo, ou local da EBF.

2. Função: Diretor de EBF e atribuições.

2.2. Atribuições do diretor.

- Ele é o responsável por intermediar a "concepção" do projeto entre a tesouraria da igreja juntamente com os líderes e pastores responsáveis, tanto na área financeira quanto espiritual.
- Realiza a escolha de seus coordenadores e assessores, baseando-se em competências e talentos "humanos", os quais Deus "disponibilizou" em seu convívio.
- Atribui e define funções dentro do contexto de todo o projeto, elencando seus coordenadores secretários responsáveis para que os mesmos cumpram o cronograma e o "abasteçam" com informações sobre o andamento de cada atividade.
- Ele é o "COMUNICADOR PUBLICITÁRIO" de todo projeto, pois é responsável em impulsionar as campanhas, incentivar sua equipe e membros da igreja, ir ao púlpito e realizar as "chamadas" para o evento com muita criatividade e amor.

2.3. Orientações gerais.

O diretor de EBF como líder de um projeto de cunho espiritual tão grande, é responsável imediato por todo o andamento do projeto, portanto, é de suma importância que se realize "incessantes" campanhas de oração, em razão da vida desta pessoa, que desempenhará tão importante função e responsabilidade mediante toda uma congregação.

Sabemos que a realização de um evento deste porte "trava uma grande BATALHA ESPIRITUAL", pois o inimigo vive a rodear nossas crianças, conforme temos visto cada vez mais. Então oramos a Deus com grande clamor para que Ele interceda em todos os momentos, abençoando a todos que se dispõe a participar do projeto e principalmente pela vida de cada criança e sua família.

Cremos e temos vivenciado histórias emocionantes ao longo dos anos, histórias de cura e libertação de famílias inteiras, onde um dia, uma criança desta família foi convidada a participar de uma EBF e teve sua vida mudada para sempre através do OUVIR e "SENTIR" a Palavra de Deus, impactando todo um grupo familiar a viver... "O NOVO DE DEUS"...

E assim partilhamos de um único propósito, partindo da direção, passando pelos voluntários, pelo corpo pastoral da igreja e membros.

Mais uma vez... Reafirmando e cumprindo o IDE de Deus.

2.4. Depoimentos.

Quando nos dispomos a trabalhar, ou melhor dizendo, quando nos dispomos a servir, é muito importante conhecermos as história da Bíblia e sabermos conta-las de maneira a ganharmos os pequenos corações.

Certa vez, quando estávamos em uma comunidade trabalhando com as crianças, escolhi contar a história da multiplicação dos pães e dos peixes.

Quando conto uma história, tento ao máximo envolver as crianças em minha narrativa, então disse contei desta maneira:

"O menino ia sair para ouvir Jesus falar. Sua mãe lhe disse: Meu filho, você vai ficar horas ouvindo Jesus falar e isso é maravilhoso, mas tenho certeza que vai bater aquela fome. Leve esses 5 pães e esses 2 peixes, pois sei que vai ficar o dia todo e vai ficar com fome".

Perguntei às crianças: "É assim que nossa mãe fala conosco, não é crianças?" Elas responderam prontamente que sim.

Quando aquele garoto chegou até onde Jesus estava, ele ouviu o que o Mestre estava falando, viu o seu poder e sabia que estava diante de alguém que era muito poderoso. Quando a tarde chegou, Jesus percebeu que as pessoas estavam com muita fome, então, Ele disse aos seus discípulos: "Os que vocês têm aí para dar a essa multidão"? Os discípulos responderam que eles não tinham nada, mas que um menino tinha 5 pães e 2 peixes. O menino entregou o que tinha para Jesus.

Virei-me para as crianças e lhes disse: Vejam, aquele menino deu o que ele tinha para alimentar o povo.

Virei-me para um menino, todo sujo, sem camisa, sentado bem na frente e perguntei: Você daria seu lanche para Jesus?

Sem hesitar, o menino respondeu: NÃO!

Levei um susto! Mesmo assim, continuei a história. No entanto, fiquei pensando, é claro que ele não daria, não tinha nem mesmo para ele.

Aprendemos que não é só dar a Palavra que as crianças necessitam, mas dar também o alimento, o pão e o peixe que matam a fome física das crianças, para que elas possam entender que a Verdade, que é Jesus, pode libertá-las para viver uma vida verdadeiramente LIVRE!

Raquel Chagas

1º Programa para EBF de Cinco Dias:

Valeu a pena Jesus morrer por mim!

Versículo-chave: *"Com amor eterno te amei, e com bondade te atraí."* (Jeremias 31:3).

Objetivo geral: Levar crianças à Salvação em Cristo Jesus mostrando que Jesus é o único caminho que nos leva para Deus, incentivando-as assim a ter uma vida de santidade e comunhão com Deus para que possam crescer a cada dia Nele tendo a possibilidade de viver uma vida reta e pura perante Deus. Esse ano será enfatizado a vida de Jesus através do Plano Básico da Salvação, usaremos as cores que nos lembram tudo que Deus planejou para que pudéssemos ter a vida eterna.

3. Planejamento Didático-Pedagógico
1º Dia de Programação do Tema: Valeu a pena Jesus morrer por mim!

3.1. Objetivo específico.

Fazer com que a criança acredite que Deus a ama, e que criou todas as coisas e tem preparado um lugar maravilhoso para todos os seus filhos que o amam, um lugar chamado CÉU.

Subtema: Vale a pena ter o Seu amor.

Verdade Principal: Deus nos ama e quer que vivamos com Ele no céu.

Base Bíblica: Apocalipse 5:11, 22:22; João 14:2; Atos 1:8-11.

Versículo de Memorização: "Porque Deus amou o mundo de tal maneira, que deu seu Filho único, para que todo aquele que nele crer não pereça, mas tenha a vida eterna." João 3:16

3.2. História bíblica.

Atributos de Deus, o Céu.

Sugestão de recurso didático visual: Painel em feltro com 8 figuras.

Material confeccionado com feltro e borda em viés e aplicações em E.V.A., base em feltro (cor amarela), com nuvens na borda inferior, deverá ser pendurado em uma base com tripé ou parede. O contador irá aplicando as figuras conforme a ordem sinalizada na contação da história.

Obs.: **sinalizamos durante o texto, através do símbolo ✱, o momento correto e a ordem de utilização do recurso visual sugerido.**

(Inicie a Lição Bíblica com a Bíblia em suas mãos.)

Existe um lugar que a minha vida e a sua mente não alcançam tamanha beleza. É um lugar realmente muito especial. É sobre esse lugar que falaremos hoje. Você quer ouvir?

Quando vejo a cor dourada, rapidamente lembro de um lugar onde a Bíblia me diz que as ruas são de ouro; as mansões são feitas de pedras preciosas, os rios como cristais. Que lugar incrível! Mas, que lugar será esse? É o Céu, este é o lugar de verdade que Deus está preparando para seus filhos.

A casa de Deus é o Céu. Que maravilhoso será o Céu! ✱ (Coloque o painel ainda sem figuras). Deus, é o Criador do Céu e da Terra e de tudo que existe e é quem nos criou também. Você pode citar alguns exemplos da criação de Deus? (Aguarde as resposta das crianças). Mas a criação mais especial de Deus são as pessoas as quais Ele fez a sua imagem e semelhança, ou seja, parecidos com Ele. A Bíblia nos diz em João 3:16 "que Deus nos amou de tal maneira" um amor inexplicável. Obrigada Deus pelo Seu amor.

É justamente por amar você que Ele quer que você também O ame e O conheça. Deus reservou um pedaço da Bíblia para nos contar sobre o Céu, é o último livro que se chama Apocalipse e fica no Novo Testamento. Lá diz que no Céu não terá Sol ou Lua, pois a Glória de Deus enche o Céu de luz; então no Céu não haverá escuridão. Uau! Que maravilha! Não precisaremos de lâmpada ✽ (coloque a figura da lâmpada), pois não haverá noite.

Eu tenho uma coisa para falar para vocês! Às vezes passamos por situação que nos deixam muito tristes (uma doença, desemprego, morte) e nos fazem chorar. No Céu não haverá tristeza, nem choro e nem doença ✽ (coloque a figura do menino chorando e o outro doente), que bela notícia! Viveremos em eterna alegria.

Um lugar perfeito? Sim, ele existe sim, o Céu é verdadeiro e nada pode estragar essa perfeição; sabem por quê? Porque o que é ruim nunca vai entrar lá. O pecado ✽ (coloque a figura do coração sujo); que é tudo que falamos, pensamos e fazemos que não agrada a Deus e que nos separa de Deus.

Deus quer nos levar ao Céu para morar com Ele e fazer cumprir a sua promessa que é estar com Seu Filho Jesus para sempre. Jesus está no Céu ✽ (coloque a figura de Jesus). Ver Jesus e todas as maravilhas que estão no Céu realmente será algo espetacular. Jesus está preparando lindas mansões pra mim e para você ✽ (coloque a figura das mansões).

Veremos os anjos no Céu ✽ (coloque a figura do anjo) adorando a Deus em todo o momento; também veremos o Livro da Vida ✽ (coloque a figura do Livro da Vida) com o meu nome e o seu também estará lá e Jesus irá nós chamar.

Mas, para que isso acontecesse Jesus veio a Terra para cumprir o plano de amor perfeito. Ele nasceu, viveu, morreu e ressuscitou para que hoje o meu e o seu pecado fosse perdoado. E podemos assim ter Jesus como Salvador. Jesus vai voltar para levar seus filhos e filhas.

Você que ir morar no Céu? Você reconhece que tem pecados? Você hoje pode se arrepender deles e crê que Jesus pode salvá-lo? Você quer recebê-lo em seu coração agora e se tornar seu filho? Se sim levante a mão agora e repita a oração comigo. Ore com as crianças.

3.3. Memorização: versículo do dia.

> "Porque Deus amou o mundo de tal maneira que deu seu Filho único, para que todo aquele que nele crê não pereça, mas tenha a vida eterna".
> (João 3:16)

Sugestão de recurso visual para memorização:
Feito em E.V.A. liso e estampado com pintura em tinta dimensional.

Hoje vamos aprender um versículo que fala sobre o amor. O Amor Verdadeiro, que custou a vida de um filho. Este versículo está no livro do apóstolo João no capítulo três, versículo dezesseis e diz assim: "Porque Deus amou o mundo de tal maneira que deu o seu Filho único, para que todo aquele que nele crê não pereça, mas tenha a vida eterna".

Vamos ler juntos. Observem as figuras deste visual que eu trouxe. Muito bem! Vocês entenderam? Vou explicar o que o versículo quer dizer.

Porque Deus amou o mundo de tal maneira – Deus ama a todos; mas todos mesmo. Você, seus parentes, sua família e todos os homens, mulheres e crianças do mundo inteiro (representado pelo desenho do coração com o globo).

Que deu seu Filho único – Ele ama tanto que disse: Eu vou enviar meu único Filho, Jesus Cristo à Terra para morrer por todos eles. Porque todos pecaram e estão separados de mim (representado pela figura do bebê na manjedoura).

Para que todo o que nele crê – Quando você reconhece o seu pecado e admite que faz coisas erradas, e pede a Jesus que o perdoe, então Deus o adota como seu filho (representado pelo menino com as mãos juntas em oração).

Mas tenha a vida eterna – Poderá ir até a casa de Deus, o Céu e morar com Ele para sempre (representado pela coroa que iremos receber um dia no Céu).

Agora você pode repetir o versículo olhando as figuras e vou retirar uma a uma. Vamos lá? Repita com as crianças pelo menos 7 vezes.

3.4. Brincadeiras.

(FAIXA ETÁRIA 1: 4 A 7 ANOS):

Sugestão: lá no Céu tem...

Recurso feito em E.V.A., nuvens, anjos e mansões. Perfurados na parte superior e a fita de cetim para amarrar nas nuvens.

Como brincar?

Os participantes deverão encontrar as Mansões e Anjinhos e colocá-los pendurados no Céu.

Colocar o "Céu" pendurado em lugar visível para a criança. Colocar em um ponto distante um saco de TNT com diversos anjinhos e mansões douradas, a criança deverá ir de um ponto ao outro e pendurar, (dando pequenos laços) o maior número de mansões e anjinhos no Céu. A brincadeira deve ser orientada com tempo contado e assim ganhará a criança que pendurar em menor tempo a maior quantidade de mansões e anjos.

(FAIXA ETÁRIA 2: 8 A 12 ANOS):

Sugestão: amarelinha

Recurso feito em E.V.A. com 8 casas para a criança pular e cumprir as tarefas através do lançamento do dado.

Como brincar?

A criança deverá cumprir através das casas da Amarelinha as tarefas de cada quadro. Através de um dado inicia-se a brincadeira, a criança joga o dado e a casa na qual ela cair deverá realizar a tarefa solicitada como segue a legenda:

BÍBLIA: citar o versículo de memorização aprendido no dia.

PONTOS de INTERROGAÇÃO: quando cair no ponto de interrogação a criança deverá responder uma pergunta feita pelo orientador.

CLAVE de SOL: deverá cantar um louvor da EBF.

CORAÇÃO SUJO: citar ações do homem que desagradam a Deus (exemplos de pecado).

CAIXA de PRESENTE: a criança deverá citar todas as coisas que veremos no Céu, o maior presente que Deus tem para nós.

CRUZ: cite ações que lembrem como é Jesus.

Ganhará a brincadeira quem chegar ao Céu primeiro, àquele que não cumprir a tarefa do quadro ou errar deve voltar ao ponto inicial.

3.5. Trabalho manual.

Sugestão de trabalho manual para crianças de 4 a 7 anos.

Habilidade manual: pintura, recorte e colagem.

Materiais utilizados: 1 folha de papel tamanho A4 220gr branco com cópia das figuras, lápis de cor, tesoura sem ponta, cola branca, 30 cm de fita de cetim n.1 e um copo descartável de 100ml com tampa. Vale lembrar que o uso de tesoura deve ser feito sob supervisão de um adulto.

Sugestão de trabalho manual para crianças de 8 a 12 anos.

Habilidade manual: recorte, colagem, pintura e montagem do rolo de filme.

Materiais utilizados: rolo de papel higiênico, fita adesiva, tesoura (sem ponta), lápis de cor, 1 folha de papel tamanho A4 220gr branco com cópia das figuras.

3.6. Dever de casa.

Sugestão de dever de casa para crianças de 4 a 7 anos

1º Dia

VALEU A PENA JESUS MORRER POR MIM

Professor (a): _____
Aluno (a): _____
Classe: _____ Turno: _____

4 a 7 anos

HISTÓRIA BÍBLICA – O CÉU

Hoje aprendemos que o céu é um lindo lugar e que podemos um dia ir morar com Jesus lá. Para isso é necessário que você reconheça que é pecador e que peça perdão pelos seus pecados e creia que Jesus pode te salvar, só assim terá a vida eterna.

Cole barbante na linha e leve as crianças até Jesus, que é o único caminho que nos leva ao céu. Pinte bem bonito.

> Porque Deus amou ao mundo de tal maneira que deu seu filho único, para que todo o que nele crê não pereça, mas tenha a vida eterna.
> (João 3:16)

Sugestão de dever de casa para crianças de 8 a 12 anos.

1º Dia

8 a 12 anos

VALEU A PENA JESUS MORRER POR MIM

Professor (a): _____
Aluno (a): _____
Classe: _____ Turno: _____

HISTÓRIA BÍBLICA – O CÉU

Hoje aprendemos que o céu é um lindo lugar e que podemos um dia ir morar com Jesus lá. Para isso é necessário que você reconheça que é pecador e que peça perdão pelos seus pecados e creia que Jesus pode te salvar, só assim terá a vida eterna.

Decifre o código e descubra o plano de Deus para você e todas as pessoas do mundo.

Porque Deus _____ o _____

de tal maneira que _____ seu _____

único para que todo aquele que nele _____

não pereça, mas tenha a _____ eterna.

JOÃO 3.16

| amou | mundo | deu | filho | crê | vida |

EBF e Colônia de Férias Criativas e Dinâmicas

4. Planejamento Didático-Pedagógico 2º Dia de Programação do Tema: Valeu a pena Jesus morrer por mim!

4.1. Objetivo específico.

Mostrar a criança que todos nós somos pecadores, e que Deus nos limpa de todo pecado. Fazê-la entender a definição e consequências do pecado; mostrar que o pecado não entra no céu, e que Jesus é o único que pode nos livrar do castigo do pecado, que é a morte eterna.

Subtema: Vale a pena viver sem pecar.

Verdade Principal: Temos que pedir ao Senhor Jesus para nos livrar do pecado.

Base Bíblica: Gênesis 2:7, 15, 3:24

Versículo de Memorização: "Pois todos pecaram e carecem da glória de Deus". Romanos 3:23

4.2. História bíblica.

"O pecado de Adão e Eva".

Sugestão de recurso didático visual: grande livro em E.V.A. com base preta e figuras anexadas. Algumas partes com velcro para acrescentar ou retirar. O contador de histórias irá virar as páginas do livro conforme for fazendo a narração.

Obs.: Sinalizamos durante o texto, através do símbolo *, o momento correto e a ordem de utilização do recurso visual sugestionado.

Feche os olhos e se imagine perdido em uma grande escuridão! Sem saber para onde ir, o que fazer! Hoje vamos aprender sobre algo que nos deixa exatamente assim: perdidos no escuro.

Ontem aprendemos sobre um lugar onde há sempre luz e nunca escuridão – o Céu. A Bíblia diz em Gênesis 1:1 que "no princípio criou Deus os Céus e a Terra" e uma das primeiras coisas que Deus criou foi a luz * (abra o livro na primeira página). O que mais que Deus criou, vocês sabem me dizer? (Aguarde as respostas).

No sexto dia Deus fez o homem * (vire a página – silhueta do homem) sua criação mais especial. Ele formou o homem do pó da terra, deu a ele um corpo maravilhoso e soprou em seu nariz para que pudesse ter vida. Deus colocou o nome dele de Adão e o colocou para viver num lindo jardim chamado Éden. Vocês não imaginam como era lindo esse jardim! Havia todos os tipos de árvores, animais, rios, cachoeiras, flores, plantações, campos cobertos por gramas bem verdinhas e a cada dia que passava esse jardim ficava mais perfeito para Adão viver. Adão era muito especial, Deus o amava. Deus também ama muito você. A Bíblia diz *"com amor eterno eu te amei"*. Deus ama você até mesmo antes do seu nascimento e quer que você viva com Ele um dia no Céu. Como é bom saber que Deus nos ama.

      Deus amou Adão e o colocou no jardim e mandou que tomasse conta do Jardim do Éden. Deus disse para Adão dar nome a cada um dos animais, que grande tarefa! Adão estava feliz mas algo faltava, não havia ninguém para conversar, para ajudá-lo. Mas Deus tinha um plano. Ele fez Adão dormir, um sono profundo, e enquanto dormia Deus tirou uma costela de Adão e usou-a para fazer uma mulher * (acrescente a silhueta de Eva ao lado de Adão). Que bela mulher Deus havia feito! Será que Adão ficou contente com essa novidade? Ele agora tinha uma esposa que se chamou Eva. Quando Adão acordou ficou muito feliz, agora sim estava tudo perfeito! Tudo era maravilhoso e muito bom!

      Deus então deu uma ordem para eles e disse assim: "vocês podem comer de toda fruta que existe nesse jardim, mas somente uma não podem comer. No dia em que comer da árvore do bem e do mal certamente morrerá" * (mostre a capa do livro – a árvore). Eles haviam entendido direitinho a ordem de Deus.

      Entre todos os animais do jardim, havia um bicho chamado serpente. Ele não se parecia com as serpentes ou cobras que você e eu conhecemos hoje. Era Satanás, o inimigo de Deus, disfarçado! Satanás tinha sido um anjo brilhante no Céu, mas ele ficou contra Deus. Queria ser tão grande quanto Deus é; e ninguém pode ser tão grande quanto Deus, Deus então o expulsou do céu. A Bíblia chama Satanás de *príncipe das trevas*. Ele odeia Deus e quer que todos o odeiem também. Satanás então se disfarçou de serpente e esperou por Eva no jardim.

      Quando Eva chegou, a serpente perguntou a ela: "Deus disse para vocês não comerem os frutos das árvores do jardim?"; Eva respondeu: "Deus disse que podemos comer dos frutos das árvores do jardim, menos a da árvore do bem e do mal se não morreremos". A serpente mentiu para Eva e disse: "Não é nada disso, não é verdade o que Deus falou, é claro que vocês não vão morrer, é que se comerem desse fruto serão como Deus e conhecerão o bem e o mal". Ele queria enganar Eva para que ela desobedecesse a ordem de Deus.

      Eva começou a prestar bastante atenção no que a serpente dizia. E viu que o fruto parecia ser bom e gostoso. Levantou então o braço, pegou o fruto, o que será que ela fez? * (vire a página – o fruto) Comeu o fruto. Logo depois Eva deu um pedaço para Adão e ele também comeu. Eles desobedeceram a Deus, preferiram acreditar no que a serpente havia falado. Eles foram enganados e caíram no pecado.

Quando você quer fazer a sua vontade em vez de obedecer a Deus, você peca. Desde o dia em que Adão e Eva pecaram, todos nascemos com pecado, com vontade de fazer coisas erradas. É bem triste que Adão e Eva fizeram ao invés de obedecer a Deus. Foi assim que o pecado entrou no mundo.

De repente tudo mudou. Adão e Eva perceberam que estavam nus e ficaram envergonhados. Rapidamente pegaram folhas e se cobriram * (vire a página e mostre Adão com folhagem e a próxima página Eva com folhagem), eles estavam agora separados de Deus. Sentindo culpa e medo, eles se esconderam de Deus. E agora? O que iria acontecer com eles? Mas ninguém pode se esconder de Deus. Todos os dias Deus ia ao jardim para conversar com eles, Deus foi ao jardim e começou a procurar por eles. "Adão, onde estás?" perguntou Deus. Será que Ele já sabia? Sim, mas queria que Adão admitisse seu pecado. O coração de Adão e Eva deveria estar pulsando forte. Tremendo, os dois saíram do esconderijo e foram falar com Deus. Adão disse: "Ouvi sua voz no jardim e me escondi pois tive vergonha porque estou nu".

Quando Deus perguntou se ele havia desobedecido, Adão disse: "A mulher que me deste como esposa, me deu o fruto e eu comi".

Adão tentou culpar Eva. Quando Deus perguntou a Eva o que ela tinha feito, ela culpou a serpente dizendo: "A serpente me enganou e eu comi". Deus disse então a serpente que daquele dia em diante as serpentes rastejariam no pó e as pessoas teriam medo delas.

Naquele mesmo dia Deus fez uma promessa. Ele prometeu enviar alguém ao mundo que destruiria o poder de Satanás e salvaria as pessoas do seu pecado.

Quando Deus terminou de falar a serpente sobre seu castigo, Ele disse a Eva que ela sofreria muitas dores quando tivesse filhos e que seu marido iria governa-la. Disse também para Adão que o solo seria amaldiçoado com ervas daninhas, espinhos e cardos e ele teria de trabalhar muito para plantar alimento para comer.

Adão e Eva estavam sendo castigados pelo seu pecado, mas apesar disso Deus ainda os amava. A Bíblia diz que Deus fez roupas para Adão e Eva com peles de animais.

Deus os castigou pelo seu pecado e os expulsou do jardim. Deus colocou anjos ✱ (vire a página – o anjo) na entrada do jardim e uma espada flamejante girando em todas as direções (vire a página – a espada).

Aquele foi realmente um dia triste e terrível, quando a escuridão do pecado entrou no mundo. Mas as boas notícias são que Deus cumpriu a sua promessa! Jesus, o Filho de Deus morreu para receber o nosso castigo pelo pecado. E hoje Jesus o convida a aceitá-lo como seu melhor Amigo e Salvador. Você quer fazer isso agora? Então vamos orar (ore com as crianças).

4.3. Memorização: versículo do dia.

> "Pois, todos pecaram e carecem da glória de Deus."
> (Romanos 3:23)

Você já teve uma aula de como mentir? Ou de como desobedecer ao pai ou a mãe? Ou você teve aula de como roubar? A Bíblia nos diz a respeito de algo terrível que eu e você cometemos: o pecado.

Hoje, vamos memorizar um versículo da Bíblia que está no livro de Romanos, que é um livro do Novo Testamento. Ele foi escrito pelo apóstolo Paulo. No capítulo 3 e versículo 23. Leia na sua Bíblia. Diz assim: "Pois todos pecaram e carecem da Glória de Deus".

Muito bem! Agora nós vamos repeti-lo lendo aqui neste visual (leia primeiro e depois mande as crianças lerem).

Quando a Bíblia diz <u>todos</u> quer dizer toda a humanidade. Todos os homens, todas as mulheres e todas as crianças também. Isto inclui a mim e você? Sim.

Pecaram – O pecado é um problema. Ele está presente na minha e na sua vida e na vida de todo o ser humano. O pecado nos separa de Deus. Qualquer coisa que eu pense, diga ou faça que não agrada a Deus, é pecado.

Carecem – É precisar de algo que seja muito importante. Nesse caso aqui é a Glória de Deus.

O que é a Glória de Deus? – É a sua presença em nossa vida. É estar pertinho dele, ter Ele presente conosco em todos os momentos de nossa vida. O versículo diz que nós precisamos de Deus. Nós estamos separados de Deus e necessitamos da presença Dele em nossa vida.

Saiba que Ele está junto de você em todos os momentos. Ele é o amigo com quem você pode contar, Ele sempre está pronto a ti ajudar.

Vamos aprender?

Dê um número para cada fileira (fileira 1, fileira 2, etc.). Quando você disser o número, a fileira chamada deve ficar de pé e repetir o versículo. Você pode diversificar.

Sugestões: todas as fileiras de números pares (ou ímpares).

No começo, eles podem ler o versículo; depois retire cada parte para que eles possam falar de memória e aproveite pra brincar com a minhoca da maçã.

Sugestão de recurso visual para memorização:

"Tem uma minhoca na maçã" – são 5 maçãs feitos em E.V.A. com o escrito em *silk*. Em uma das maçãs há uma minhoca para colocar a mão e fazer movimentos regendo a fala, no momento que as crianças recitam o versículo).

Como utilizar?

Escolha 5 crianças ou auxiliares para segurarem as placas de maçãs. Segure de forma que todos possam ler. Vá virando as placas conforme forem citando o versículo.

Repita pelo menos 7 vezes com a criança.

4.4. Brincadeiras.

(FAIXA ETÁRIA 1: 4 A 7 ANOS):

Sugestão: "Não pecado! Sim Jesus!"

Recurso confeccionado em base de feltro e aplicação em E.V.A. Uso de tinta dimensional para pintura em detalhes.

Como brincar?

A criança deverá trocar as roupas, feições e acessórios do boneco. Um boneco em feltro será vestido pelas crianças com roupas de E.V.A., essas roupas estarão caracterizadas pela cor preta e colorida.

Ao sinal do orientador a criança deverá despir o boneco do pecado (roupa preta) e vesti-lo com a roupa colorida e alegre, inclusive a criança deverá também mudar as feições do boneco, incluindo as placas e as carinhas da borda. Ganhará a criança que fizer em menor tempo.

(FAIXA ETÁRIA 2: 8 A 12 ANOS):

Sugestão: "Se SIM, Levante a placa".

Recurso feito em E.V.A. e palito. Pintura em *silk*.

Como brincar?

O orientador irá dizer boas e más ações. Exemplos: obedecer ao pai; xingar o colega, bater no irmão; falar de Jesus; ajudar a vovó, etc. Ao ouvir a criança irá julgar levantando a placa de SIM ou NÃO que estará em suas mãos.

Vence a brincadeira quem tiver o maior número de acertos. Marcar a pontuação num quadro pra que todos vejam.

4.5. Trabalho manual.

(FAIXA ETÁRIA 1: 4 A 7 ANOS):

Habilidade manual: pintura e colagem

Materiais utilizados: cópia da figura, giz de cera e cola branca.

2º Dia – Trabalho Manual
4 a 7 anos

Aluno (a): _____

VALEU A PENA JESUS MORRER POR MIM

Faça um lindo quadro com a figura ao lado.

1. Pinte bem colorido a linda criação de Deus.
2. Cole numa folha colorida como base e coloque um pedaço de barbante ou fita para pendurar.
3. Desenhe Adão e Eva e coloque no centro da figura.

(FAIXA ETÁRIA 2: 8 A 12 ANOS):

Habilidade manual: pintura, dobradura, colagem e montagem.

Materiais utilizados: Folha em A4 90gr, cola branca e giz de cera.

2º Dia – Trabalho Manual
8 a 12 anos

Aluno (a): _____

Monte o cenário

2º Dia de Programação do Tema: Valeu a pena Jesus morrer por mim!

4.6. Dever de casa.

(FAIXA ETÁRIA 1: 4 A 7 ANOS):

2º Dia

VALEU A PENA JESUS MORRER POR MIM

Professor (a): _____
Aluno (a): _____
Classe: _____ Turno: _____

4 a 7 anos

HISTÓRIA BÍBLICA – O PECADO

Hoje aprendemos sobre o pecado. Pecado é tudo aquilo que fazemos, pensamos e falamos que não agrada a Deus. O pecado nos separa de Deus, pois Deus é Santo. No céu não entra o pecado, por isso devemos sempre pedir perdão a Deus pelos nossos pecados, para irmos morar com Ele, pois Ele é fiel e justo para nos perdoar.

AJUDE ADÃO ENCONTRAR EVA. CUBRA O PONTILHADO NO CAMINHO PARA ELE NÃO ERRAR. DEPOIS PINTE BEM BONITO.

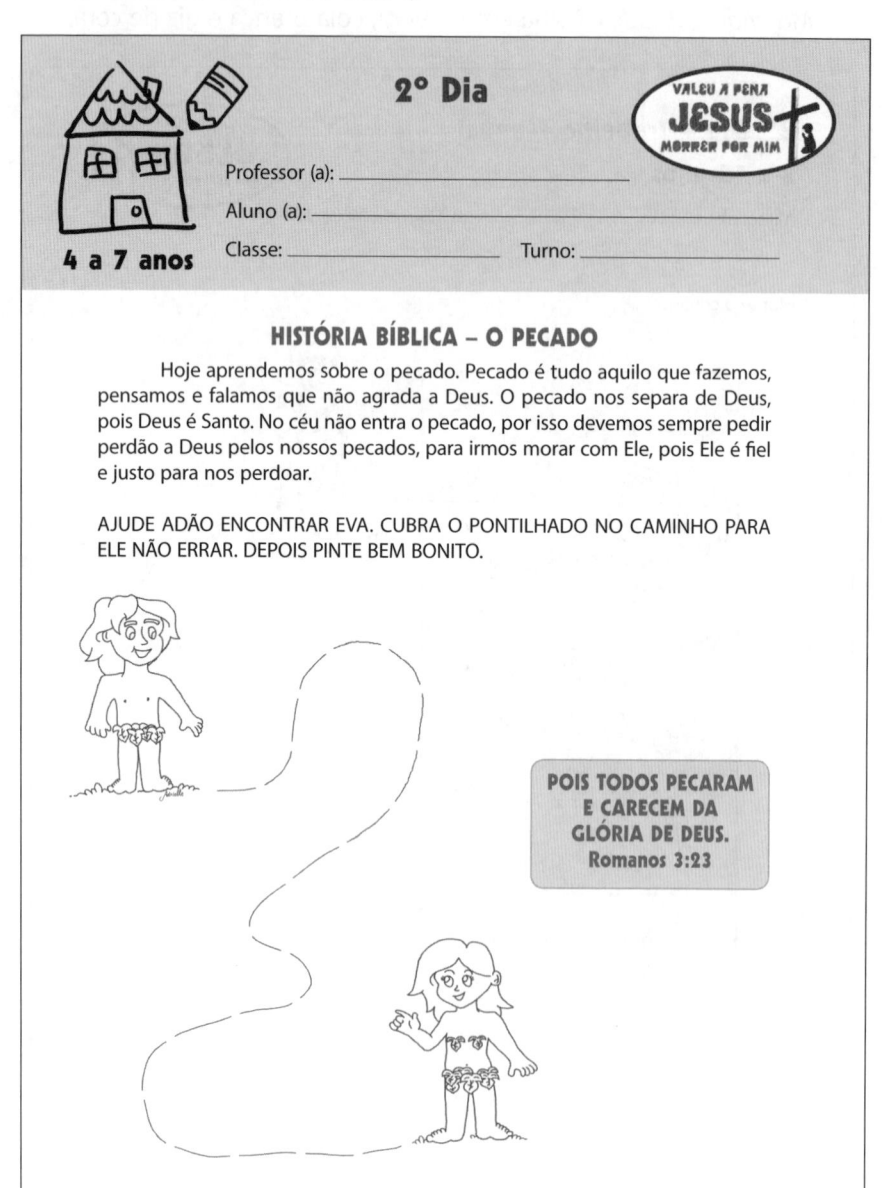

POIS TODOS PECARAM E CARECEM DA GLÓRIA DE DEUS.
Romanos 3:23

(FAIXA ETÁRIA 2: 8 A 12 ANOS):

2º Dia

VALEU A PENA JESUS MORRER POR MIM

Professor (a): _____
Aluno (a): _____
Classe: _____ Turno: _____

8 a 12 anos

HISTÓRIA BÍBLICA – O PECADO

Hoje aprendemos sobre o pecado. Pecado é tudo aquilo que fazemos, pensamos e falamos que não agrada a Deus. O pecado nos separa de Deus, pois Deus é Santo. No céu não entra o pecado, por isso devemos sempre pedir perdão a Deus pelos nossos pecados, para irmos morar com Ele, pois Ele é fiel e justo para nos perdoar.

COM SEU LÁPIS, LIGUE A PALAVRA COM A RESPOSTA CERTA:

1. Adão ......primeira mulher

2. Cobra ......criador de todas as coisas

3. Eva ......enganou Eva

4. Deus ......primeiro homem

5. Éden ......eles comeram

6. Fruto Proibido ......desculpar e esquecer a desobediência

7. Pecado ......jardim perfeito

8. Perdão ......desobediência / mentir

POIS TODOS PECARAM E CARECEM DA GLÓRIA DE DEUS. Romanos 3:23

5.
Planejamento Didático-Pedagógico
3º Dia de Programação do Tema: Valeu a pena Jesus morrer por mim!

5.1. Objetivo específico.

Mostrar a criança que Deus providenciou uma solução para o pecado: enviou Jesus; e Jesus fez tudo por amor para pagar o nosso pecado. Fazer com que tenha um coração grato pelo sacrifício na cruz.

Subtema: Vale a pena seguir a Jesus.

Verdade principal: Acreditar em Jesus que nos livrou do pecado.

Base Bíblica: Mateus 1:18-21; Lucas 1:26-38; 2:1-20; 24:1-12; João 18:28; 19:30; 38-42.

5.2. História bíblica.

Nascimento, Vida, Morte e Ressurreição de Jesus.

Sugestão de recurso didático visual: Um lindo avental feito em feltro. São 3 cenários onde serão feitas aplicações de bonecos em E.V.A.

Obs.: sinalizamos durante o texto, através do símbolo *, o momento correto e a ordem de utilização do recurso visual sugerido.

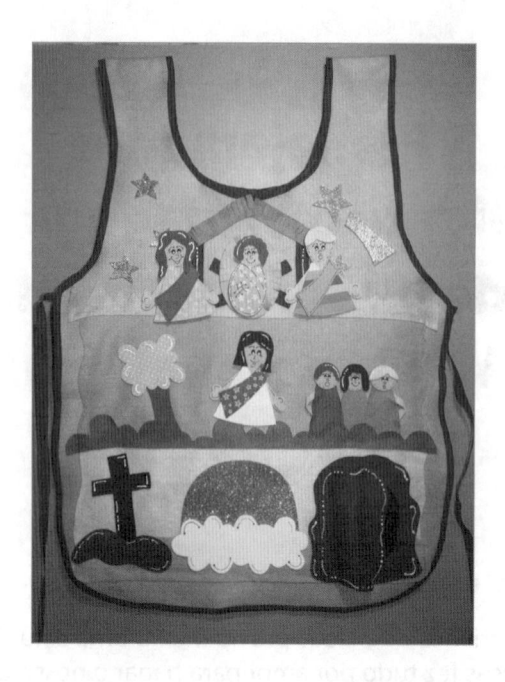

Você já teve que esperar muito tempo por algo que realmente queria, como o dia do seu aniversário que você ganha muitos presentes? Algumas vezes esperar por algo que você quer muito pode parecer tempo demais. Mas como é bom quando finalmente recebe o que esperava. Desde que Adão e Eva pecaram contra Deus, tem havido pessoas esperando que a promessa de Deus seja cumprida.

Muitos anos se passaram. Cada nova geração pensava que talvez fosse aquela que veria o Salvador. É possível que alguns até pensassem que Deus esquecera a sua promessa. Então, um dia um fato surpreendente aconteceu! Em seu plano perfeito, na hora exata, Deus enviou um anjo à Terra com uma mensagem esperada há muito tempo. O anjo apareceu a uma jovem chamada Maria, ela havia sido escolhida para ser a mãe do Filho de Deus, a qual o chamou de Jesus. Ele seria o Salvador do povo de Israel. José, Maria e todo o povo precisavam de um Salvador para perdoar o pecado deles.

Nós também precisamos de um Salvador para perdoar os nossos pecados. Deus sabia que não poderíamos nos livrar sozinho do nosso pecado. O pecado nos separa de Deus. Só o Salvador prometido por Deus poderia vir e tirar o nosso pecado.

Pouco antes da criança nascer, Maria e José tiveram que viajar para Belém para serem registrados a fim de pagar impostos. Ao chegar em Belém eles tiveram que ficar num estábulo porque não encontraram outro lugar, e logo depois Jesus nasceu. Maria o colocou num pano e o pôs numa manjedoura ✱ (aplique José e Maria no primeiro cenário do avental).

Os primeiros a saber foram os pastores que estavam ali por perto cuidando das ovelhas, um anjo apareceu e disse palavras maravilhosas.

Que boa notícia aquele anjo tinha trazido! Deus cumpriu a sua promessa e enviou o Salvador Jesus Cristo o Senhor. Embora o mundo estivesse na escuridão do pecado, Deus estava mostrando seu grande amor pelo mundo. Deus ama você apesar do seu pecado. Logo depois o Céu ficou estrelado e uma estrela guiou os magos até Jesus, anjos louvavam a Deus. Foi um acontecimento incrível!

Com o passar do tempo a Bíblia diz que Jesus foi crescendo, se fortalecendo e se enchendo de sabedoria e Deus estava com Ele. Tornou-se um menino, um adolescente e, finalmente, um adulto. A Bíblia diz que Jesus nunca pecou durante toda a sua vida, Ele obedeceu perfeitamente as leis de Deus.

Como adulto, Jesus fez muitos milagres ✱ (aplique Jesus no cenário 2 do avental) você talvez já tenha ouvido falar sobre alguns milagres de Jesus (deixe as crianças falarem). Jesus fez esses milagres para ensinar as pessoas sobre Deus e sua casa no Céu. Ele queria que as pessoas acreditassem que Ele era o Filho de Deus. Mas haviam pessoas que não acreditavam. Alguns odiavam o que Jesus ensinava e fazia. Eles não queriam pensar sobre o seu pecado e a necessidade de serem perdoados.

Mandaram então prender Jesus. Judas, discípulo de Jesus o traiu e o entregou nas mãos dos soldados. O governador mandou crucificá-lo, pregá-lo numa cruz, como os criminosos daquela época. Os soldados romanos bateram em Jesus com um chicote, colocaram em sua cabeça uma coroa de espinhos, bateram em seu rosto e Ele teve que carregar a cruz pesada até o Monte Calvário onde seria crucificado. Foi tanto sangue que saía do corpo de Jesus, foi tanto sofrimento e dor, por amor a você. E Jesus fez tudo isso porque Ele o ama. A multidão agora ria e zombava de Jesus. Colocaram pregos em suas mãos e seus pés.

Muitas pessoas se reuniram junto à cruz. Uns riam e faziam apostas, enquanto Maria, mãe de Jesus, via seu filho morrer. Jesus ficou pendurado na cruz sofrendo muito. Jesus então gritou: "está consumado!" e inclinou a cabeça e morreu. O plano de Deus estava agora completo Jesus havia sofrido o pecado pelo mundo. Um amigo de Jesus conseguiu permissão para pegar o corpo de Jesus e o colocou num túmulo.

Três dias depois, algumas mulheres foram até o túmulo colocar perfumes no corpo de Jesus, como era de costume. Ao chegarem ao túmulo do jardim ficaram espantadas e surpresas ao ver a pedra do túmulo removida. Um anjo brilhante apareceu e disse: "Não temais, porque sei que buscais Jesus, que foi crucificado. Ele não está aqui, ressuscitou como havia dito, vão depressa contar aos outros". Com o coração cheio de alegria e esperança, as mulheres correram para contar aos discípulos de Jesus a boa notícia.

Essa é uma boa notícia para você também. Jesus está vivo e o seu pecado pode ser perdoado, Ele pode mudar a sua vida para sempre. Que maravilhosa notícia!!

Os discípulos ficaram imaginando se realmente era verdade, Jesus poderia mesmo estar vivo? Em breve o Senhor Jesus provaria que era mesmo verdade. Jesus não só ressuscitou como está vivo hoje no Céu. Ele está preparando um lugar para aqueles que O amam. Você ama a Jesus?

Quer viver um dia com Ele no Céu? Acredita que Ele morreu e ressuscitou por sua causa? Se você crer em Jesus e quer recebê-lo em seu coração, faça isso agora. Fique de pé e repita essa oração comigo (ore com a criança).

3.3. Memorização: versículo do dia.

> "Cristo morreu pelos nossos pecados, segundo as Escrituras, foi sepultado e ressuscitou".
> (1 Coríntios 15:3 e 4)

Você seria capaz de morrer no lugar de alguém? Existe uma pessoa que morreu no seu lugar. A Palavra de Deus, a Bíblia diz algo sobre morte e ressurreição de uma pessoa muito importante.

Aqui no livro de 1 Coríntios (leia na sua Bíblia) este livro está em o Novo Testamento. Ele foi escrito pelo apóstolo Paulo. No capítulo 15 e versículos 3 e 4. Diz assim: "Cristo morreu pelos nossos pecados, e segundo as Escrituras, foi sepultado e ressuscitou" 1 Coríntios 15:3 e 4.

Cristo, o Perfeito Filho de Deus, por não ter pecado, não tinha que pagar por nada. Ele escolheu pagar o preço pelo pecado em nosso lugar por amor. Foi uma escolha planejada.

Ele morreu, seu coração parou. Os soldados e todos que ali estavam viram que Ele estava morto. Pagou o preço do pecado que separava a mim e a você de Deus. Agora não existe mais a separação, através da morte de Jesus eu e você podemos ter nossos pecados perdoados.

Isso segundo as Escrituras, de acordo com a Bíblia. Ninguém inventou, a Bíblia afirma isto e nós cremos no que a Bíblia diz, pois ela é a Palavra de Deus.

Ressuscitou! Ou seja, Ele voltou a viver, sem ajuda de ninguém. Ele tem poder sobre a vida e sobre a morte. Ele tornou a viver e isso é verdade pois a Bíblia diz!

Jesus quer mudar sua vida hoje, basta você O receber como seu Salvador. Você será uma criança feliz e terá paz em seu coração. Você deve pedir a Ele que o ajude a fazer tudo que agrada a Deus. Para viver uma vida feliz com Cristo e para dizer não ao pecado.

Sugestão de recurso visual para memorização de versículos:

Uma cruz feita de TNT vermelho com aplicação feita em papel impresso e plastificado.

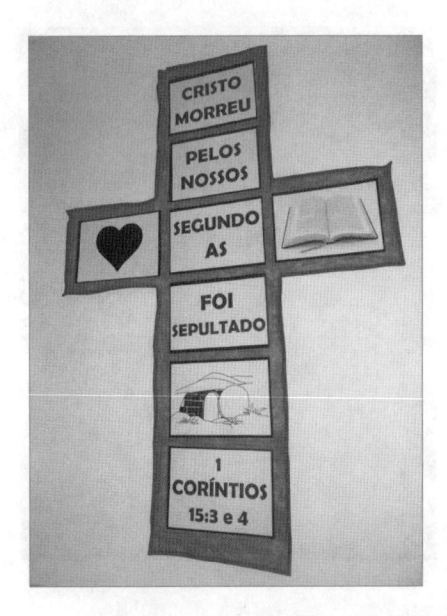

Como utilizar?

Precisará de duas pessoas para segurar a cruz. Apresente o versículo primeiramente em sua Bíblia e depois mostre o recurso. Onde estiver a figura de um coração escuro a criança deverá falar "pecado". Na figura da Bíblia deverá falar "Escritura". Na figura de um túmulo deverá falar "e ressuscitou".

Para fixação poderá ir dobrando a cruz (virando as folhas) e pedindo para repetir.

5.4. Brincadeiras.

(FAIXA ETÁRIA 1: 4 A 7 ANOS): Termômetro do coração.

Recurso confeccionado com garrafa plástica de 5 litros e aplicação em EVA. Bolinhas plástica para acertar a garrafa.

Como brincar?

Encher em tempo hábil (determinado pelo orientador) o termômetro com bolas coloridas.

Será colocado um termômetro em determinado local onde o mesmo estará vazio, a criança deverá encher o termômetro. Vencerá a brincadeira quem colocar a maior quantidade de bolas em menor tempo.

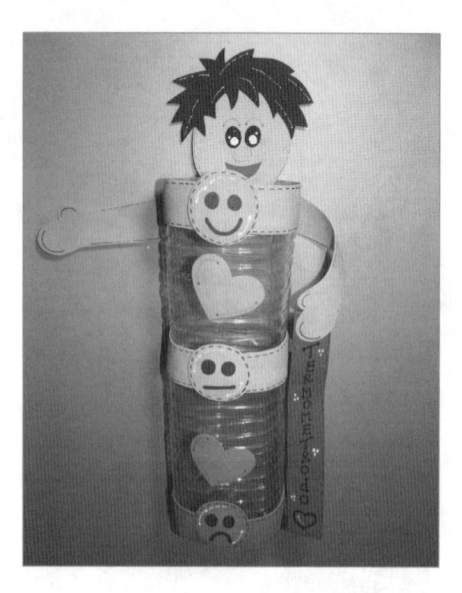

(FAIXA ETÁRIA 2: 8 A 12 ANOS): um convite de amor.

Recurso confeccionado em feltro no formato de uma pasta carteiro.

Como brincar?

Formar a *frase secreta* a partir das correspondências entregue aos grupos, considerando que a frase deve caracterizar um convite para a vida com Jesus (sugestão de frase: versículo de memorização).

A criança receberá uma bolsa de carteiro. Dentro da bolsa estarão 14 envelopes (cada um com uma palavra do versículo), a criança que está com a bolsa deve distribuir o mais rápido possível suas *correspondências*, para sua dupla. Após a distribuição a dupla deverá em curto período de tempo se organizar para mostrar o versículo que estava dentro dos envelopes.

5.5. Trabalho manual.

(FAIXA ETÁRIA 1: 4 A 7 ANOS):

Habilidade manual: Pintura, recorte e colagem.

Materiais utilizados: Papel, giz de cera, cola branca e tesoura (sem ponta).

3º Dia – Trabalho Manual
4 a 7 anos

Aluno (a): _____

MONTE A CENA:
1. PINTE A CENA
2. RECORTE A PEDRA QUE FECHA O TÚMULO EM PAPEL PEDRA.
3. COLE PAPEL CREPON VERDE PICADO NA BASE DA CENA
4. COLOQUE BAILARINA PARA ANEXAR A PEDRA AO TÚMULO .
5. RECORTE E COLE O ANJO DENTRO DO TÚMULO.

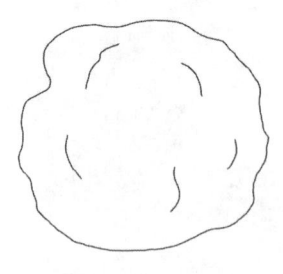

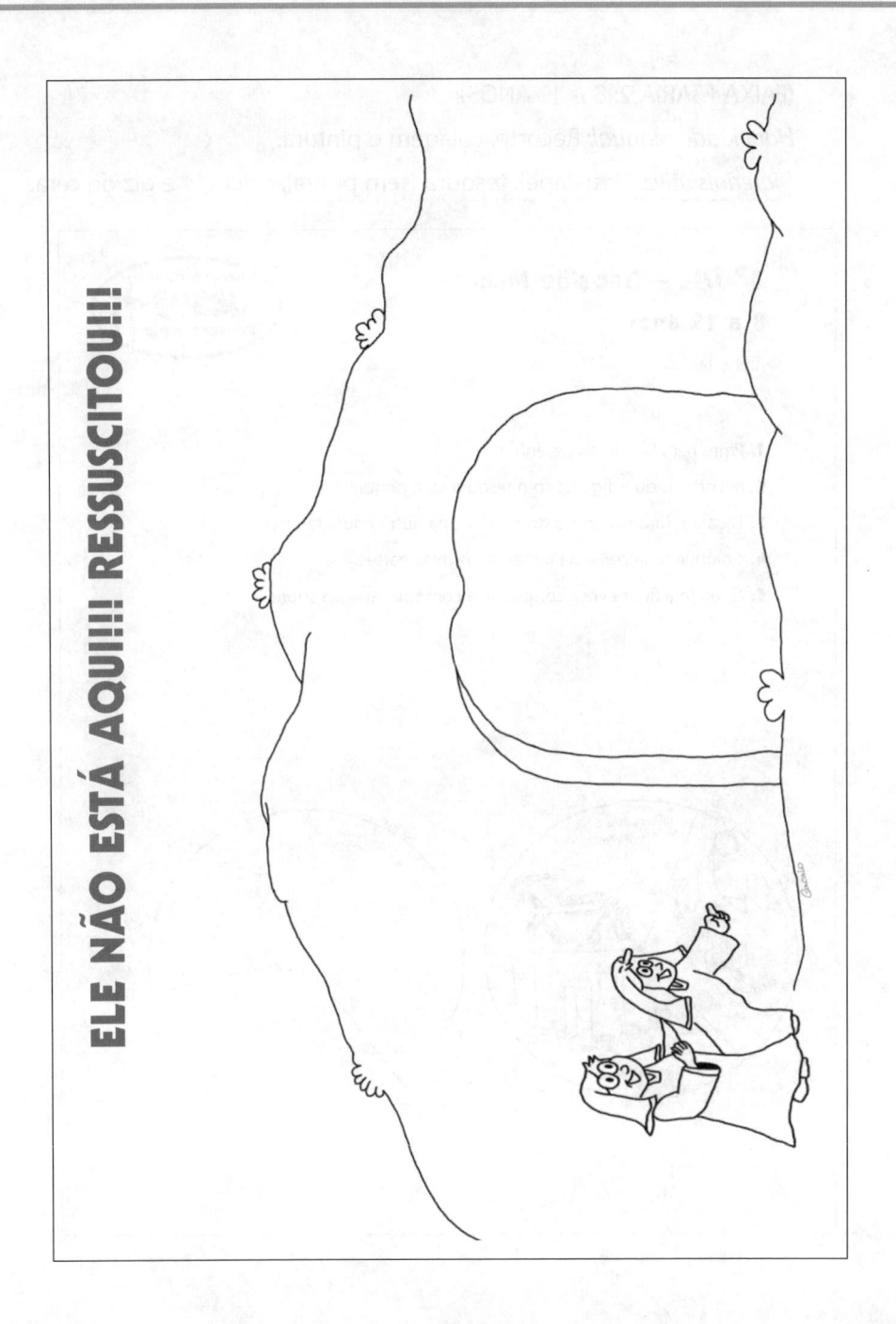

3º Dia de Programação do Tema: Valeu a pena Jesus morrer por mim!

(FAIXA ETÁRIA 2: 8 A 12 ANOS):

Habilidade manual: Recorte, colagem e pintura.

Materiais utilizados: Papel, tesoura (sem ponta), colchete e giz de cera.

3º Dia – Trabalho Manual
8 a 12 anos

Aluno (a): _____

1. Pinte bem bonito os desenhos

2. Recorte as duas figuras com tesoura sem ponta.

3. Faça um furo no centro do círculo e na outra figura também.

4. Coloque uma bailarina juntando as duas partes.

5. Girando a figura você compartilha com seus amigos sobre Jesus.

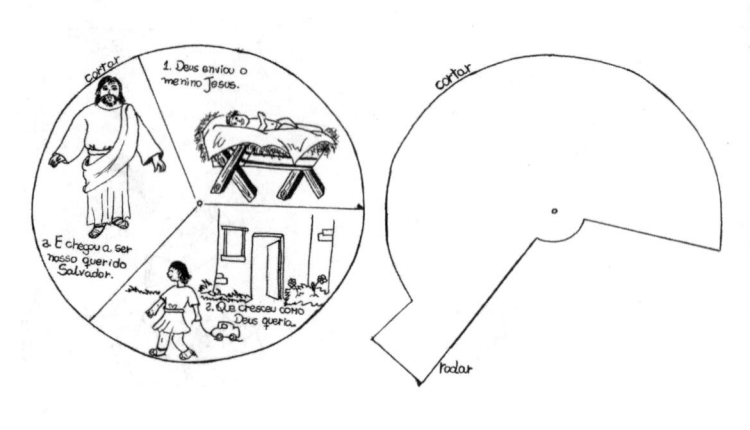

5.6. Dever de casa.

(FAIXA ETÁRIA 1: 4 A 7 ANOS):

3º Dia

VALEU A PENA JESUS MORRER POR MIM

Professor (a): _____
Aluno (a): _____
Classe: _____ Turno: _____

4 a 7 anos

HISTÓRIA BÍBLICA – JESUS CRISTO

Na história de hoje aprendemos que Jesus nos amou tanto que morreu na cruz por nós. Ele deu sua vida para pagar pelos pecados de todo mundo. Ele não ficou morto na cruz, mas ao terceiro dia ressuscitou e agora está no céu preparando um lugar pra mim e pra você.

CUBRA OS PONTINHOS COM COLA COLORIDA E DESCUBRA QUEM NOS DÁ A SALVAÇÃO. PINTE BEM BONITO.

"Cristo morreu pelos nossos pecados, segundo as escrituras, foi sepultado e ressuscitou."
1 Coríntios 15:3-4

(FAIXA ETÁRIA 2: 8 A 12 ANOS):

3º Dia

VALEU A PENA JESUS MORRER POR MIM

Professor (a): _____
Aluno (a): _____
Classe: _____ Turno: _____

8 a 12 anos

HISTÓRIA BÍBLICA – JESUS CRISTO

Na história de hoje aprendemos que Jesus nos amou tanto que morreu na cruz por nós. Ele deu sua vida para pagar pelos pecados de todo mundo. Ele não ficou morto na cruz, mas ao terceiro dia ressuscitou e agora está no céu preparando um lugar pra mim e pra você.

PINTE OS ESPAÇOS QUE TÊM UM PONTO E DESCOBRIRÁ ALGO IMPORTANTE SOBRE A VIDA DE JESUS.

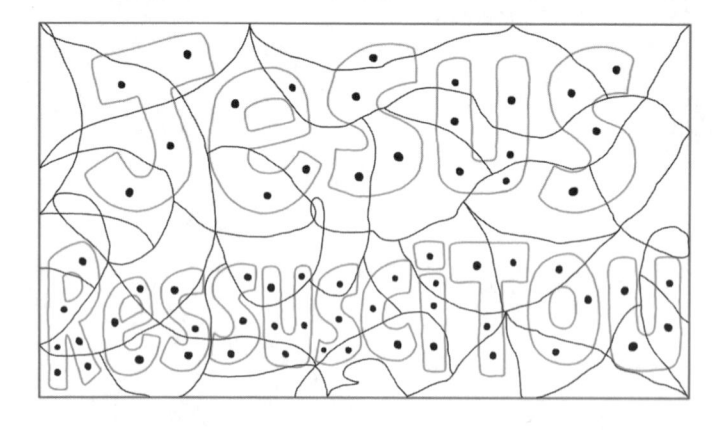

ESCREVA O VERSÍCULO DE HOJE:

_____
_____

EBF e Colônia de Férias Criativas e Dinâmicas

6.
Planejamento Didático-Pedagógico
4° Dia de Programação do Tema: Valeu a pena Jesus morrer por mim!

6.1. Objetivo específico.

Mostrar à criança que ela tem livre acesso a Jesus e agora os seus pecados podem ser perdoados; basta se arrepender, confessar seus pecados e receber Jesus em seu coração para se tornar Filho de Deus.

Subtema: Vale a pena crer em Jesus.
Verdade Principal: Ter o coração limpo agrada a Deus.
Base Bíblica: Lucas 24:13-46; João 20:24-29; 1Coríntios 15:6-7.

6.2. História bíblica.

Jesus e os discípulos, Jesus sobe ao Céu (cor branca)

Sugestão de recurso didático visual: uma moldura imitando uma TV com microfone para um repórter usar na ministração da lição.

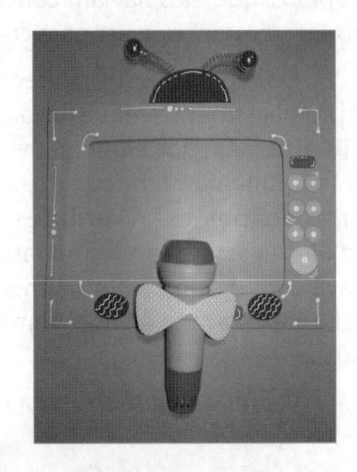

O professor irá simular um programa de TV ou noticiário.

O Contador de história será o repórter ✱ (Coloque a moldura na face e fale ao microfone).

Boa tarde! Estamos começando mais um noticiário da TV *Betânia Kids News* (use o nome de sua igreja, ou seja bem criativo), começarei esse noticiário com a seguinte pergunta: "você já ouviu o ditado ver para crer?" Algumas pessoas só tem certeza de alguma coisa quando veem essa coisa. Nenhum de nós ainda viu o Céu, mas acreditamos que ele é real, isso se chama fé.

Mas, a notícia principal de hoje é que existe especulações de que Jesus ressuscitou, como assim? O que será isso? Todos viram Ele morto na cruz e agora depois de três dias não está mais lá. O que chegou via satélite foi que dois homens estavam a caminho de Emaús conversando quando apareceu um estranho e começou a ouvir sobre o que conversavam, e diziam que estavam chateados pois pensavam que Jesus iria derrotar Roma, inimigo de Israel, mas Ele estava morto. Acontece que alguns de seus seguidores disseram que Ele está vivo. O homem então os chamou de tolos, pois não acreditavam que poderia ser verdade.

Mas queridos telespectadores, a notícia não termina aqui. Chegando em Emaús, os jovens convidaram o homem para descansar em sua casa, o homem aceitou e na hora de comerem esse mesmo homem deu Graças ao Pai pelo pão, eles então perceberam que aquele homem era Jesus.

Imaginem só, Jesus estava ali pertinho deles e vivo, falando com eles, que emoção eles devem ter sentido! Os homens foram correndo contar para os discípulos, que eles haviam conversado com Jesus e que Ele estava realmente vivo. Eles tiveram que ver para crer. Mas, o melhor da notícia ainda não chegou!

De repente Jesus apareceu para os seus discípulos, eles O reconheceram imediatamente, mas estavam aterrorizados achando que era um fantasma. Jesus disse para que eles não tivessem medo. Jesus então disse: "olhem sou eu, um fantasma não tem carne e osso; vejam minhas mãos e meus pés com as marcas dos pregos". A verdade é que Jesus o Filho de Deus os amava e queria que eles tivessem fé e acreditassem de verdade. Havia um discípulo que não estava com eles naquele momento, era Tomé e ele não acreditou no que os discípulos estavam falando. Tomé então disse que só acreditaria se tocasse em Jesus.

Vamos ao intervalo para continuar a notícia.

Escola Bíblica de Férias, aqui você aprende a ter uma vida que Jesus quer, participe e não se esqueça fale de Jesus aos seus amigos.

TIRIM, TIRIM

Voltamos com o noticiário. Após uma semana, todos os discípulos estavam reunidos, inclusive Tomé, quando de repente Jesus apareceu. O coração de Tomé deve ter acelerado e Jesus disse: *Toque em minhas mãos, creia, deixe de duvidar*. Tomé finalmente creu que Aquele era Jesus, o Filho de Deus que morreu e ressuscitou por sua causa. Jesus então disse: "Bem-aventurados os que não viram e creram".

Você e eu somos felizes, pois não vimos e cremos.

Após isso outros seguidores viram Jesus. Ele chegou a aparecer de uma só vez para mais de 500 pessoas, comprovando que Ele realmente estava vivo. Depois de 40 dias na Terra Jesus voltou a sua casa no Céu.

Aquelas pessoas que viram Jesus nunca mais foram as mesmas. Da mesma forma quando O recebemos em nosso coração nunca mais somos os mesmos.

Encerro esse noticiário fazendo uma pergunta: você tem fé para crer sem ver? Você que ouviu essa notícia, Deus quer mudar você por dentro e poderá assim viver com Ele no Céu. Quer recebê-lo hoje? Dê um sinal com sua mão (ore com a criança).

6.3. Memorização: versículo do dia.

> "Mas a todos quantos o receberam deu-lhes o direito de se tornarem filhos de Deus."
> (João 1:12)

Quem gosta de receber presentes? Há algo especial dentro desta caixa (mostre o visual caixa de presente) e está disponível para todos nós, basta você querer. Vamos abrir?

Este versículo está no Novo Testamento, a segunda parte da Bíblia. A Bíblia como vocês já sabem está dividida em duas partes, Antigo Testamento e Novo Testamento. No livro de João, capítulo 1 e versículo 12 (abra a Bíblia e leia o versículo).

Agora que vocês ouviram, eu vou repetir e gostaria que todos prestassem bastante atenção para depois vocês repetirem sozinhos.

Mostre o visual e leia o versículo primeiro e depois peça as crianças para lerem.

Todos quanto o receberam – Todo aquele que decidiu aceitar a Jesus Cristo como seu Salvador.

Deu-lhes o direito de se tornarem filhos de Deus – Você tem essa condição, privilégio, após receber a Jesus, você passa a ser filho de Deus.

Deus quer que você seja seu filho. É só dizer: *eu quero, receber a Jesus hoje como meu Senhor e Salvador*. Não tenha medo de ser diferente, os outros precisam ver em você essa diferença e querer também receber a Jesus como Salvador.

Faça a brincadeira de passar um objeto de mão em mão, enquanto todos repetem o versículo (tipo batata quente). Quando acabarem de recitar o versículo, a criança que tiver com o objeto nas mãos deve falar sozinha. Faça isso, várias vezes, até que todos memorizem o versículo.

Sugestão de recurso visual para memorização de versículos:

Visual feito em placas de E.V.A., caixa presente de papelão com detalhes em feltro, cordinha rabo de rato e pregador.

Como utilizar: abra a caixa e comece a montar o varal. Depois de memorizado vire as placas e brinque até que memorizem todo o versículo.

6.4. Brincadeiras.

(FAIXA ETÁRIA 1: 4 A 7 ANOS): Avental da Salvação.

Recurso confeccionado em feltro preto e branco com detalhes em E.V.A. 8 sacos preto com bolinha plástica dentro.

Como brincar?

São dois aventais, um preto e um branco. As crianças deverão retirar do avental preto objetos que estarão dentro de um saquinho preto(pecado) e ir até onde está a criança com avental branco e colocar o objeto dentro do avental branco, mas, sem o saquinho preto, que deverá ser posto novamente dentro do avental preto, na volta do percurso. Vencerá a criança que colocar no avental branco o maior número de bolinhas em 1 minuto.

Sugestão: os objetos que ficarão dentro do saquinho de (TNT preto) poderão ser bolinhas brancas pintadas com rostinhos felizes.

(FAIXA ETÁRIA 2: 8 A 12 ANOS): Dado da Salvação.

Recurso confeccionado em cubo de isopor de 30 cm, com cada lado coberto de E.V.A. nas cores amarelo, preto, vermelho, branco e verde.

Como brincar?

A criança deverá jogar o dado e responder a perguntas e/ou caracterizar o significado da cor selecionada. Essa brincadeira deverá ser conduzida com um grupo de no máximo cinco crianças, onde um deverá jogar o dado e os outros deverão caracterizar de forma determinada pelo orientador a pergunta ou tarefa em questão de acordo com a cor em destaque.

Sugestão: o orientador poderá usar diversas formas, para que as crianças possam se expressar de acordo com o que for estipulado, sempre baseado na cor em evidência. Exemplo: mímica, desenho, cantando, encenando, etc. Porém, todas as tarefas devem ter tempo estipulado.

6.5. Trabalho manual.

(FAIXA ETÁRIA 1: 4 A 7 ANOS):

Habilidade manual: pintura, colagem e recorte.

Materiais utilizados: Papel, giz de cera, cola e tesoura (sem ponta).

4º Dia – Trabalho Manual
4 a 7 anos

Aluno (a): ────────────────

Como montar:
1. Pinte o desenho bem bonito.
2. Recorte o retângulo de Jesus com os braços abertos.
3. Recorte as linhas horizontais da outra parte e transpasse o retângulo de modo que Jesus suba e desça na cena.

4º Dia de Programação do Tema: Valeu a pena Jesus morrer por mim!

(FAIXA ETÁRIA 2: 8 A 12 ANOS):

Habilidade manual: corte e pintura. Jogo da memória com 8 figuras.

Materiais utilizados: Folhas com as figuras, lápis de cor, folha colorida, cola e bolsinha em TNT.

4º Dia – Trabalho Manual
8 a 12 anos

Aluno (a): _____

VALEU A PENA JESUS MORRER POR MIM

SALVAÇÃO
JOÃO 1:12
"MAS A TODOS QUANTOS O RECEBERAM DEU-LHES O DIREITO DE SE TORNAREM FILHOS DE DEUS."

6.6. Dever de casa.

(FAIXA ETÁRIA 1: 4 A 7 ANOS):

4º Dia

VALEU A PENA JESUS MORRER POR MIM

Professor (a): _____
Aluno (a): _____
Classe: _____ Turno: _____

4 a 7 anos

HISTÓRIA BÍBLICA – EU O RECEBO

Deus tem um presente pra você! O Senhor Jesus Cristo, o Filho de Deus, morreu na cruz para que você pudesse receber esse presente, a Salvação. Receba o Senhor Jesus hoje ainda e creia que esse presente maravilhoso é para você.

FAÇA BOLINHAS DE PAPEL CREPON VERMELHO E COLE DENTRO DO NOME JESUS.

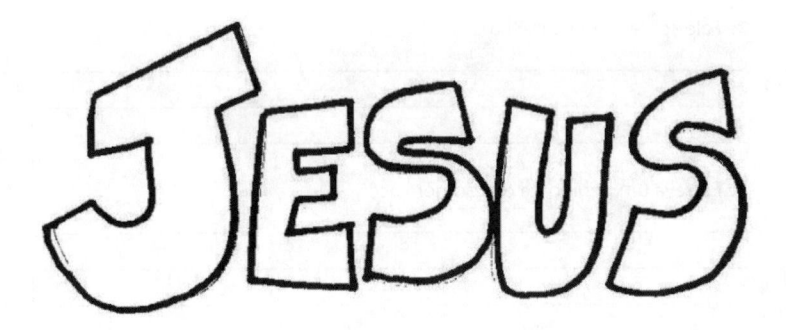

"Mas a todos quantos o receberam deu-lhes o direito de se tornarem Filhos de Deus." João 1:12

4º Dia de Programação do Tema: Valeu a pena Jesus morrer por mim!

(FAIXA ETÁRIA 2: 8 A 12 ANOS):

4º Dia

Professor (a): _____
Aluno (a): _____
Classe: _____ Turno: _____

8 a 12 anos

VALEU A PENA JESUS MORRER POR MIM

HISTÓRIA BÍBLICA – EU O RECEBO

Deus tem um presente pra você! O Senhor Jesus Cristo, o Filho de Deus, morreu na cruz para que você pudesse receber esse presente, a Salvação. Receba o Senhor Jesus hoje ainda e creia que esse presente maravilhoso é para você.

1. A cor amarelo (dourado) lembra o quê?
_____

2. O que não pode entrar no céu?
_____

3. Fale sobre a cor vermelha.
_____
_____
_____

4. Escreva um pedido de oração por você.
_____
_____
_____
_____

> "Mas a todos quantos o receberam deu-lhes o direito de se tornarem Filhos de Deus." João 1:12

7.
Planejamento Didático-Pedagógico
5º Dia de Programação do Tema: Valeu a pena Jesus morrer por mim!

7.1. Objetivo específico.

Incentivar a criança a buscar Jesus todos os dias e assim se fortalecer e crescer espiritualmente. Jesus quer que a cada dia o conheçamos melhor. Conhecemos a Jesus orando, lendo a Bíblia, indo a igreja, testemunhando.

Subtema: Vale a pena crescer esperando a Sua volta.

Base Bíblica: 1 Timóteo 2:1-2; 3:15; 4:13-16; 2 Timóteo 1:1-5; 2:15, 21-22; 3:14-17; 4:2-5, 7-8; Atos 16:1-5.

Verdade Principal: A vontade de Deus é que cresçamos no Senhor Jesus.

Versículo de Memorização: "Crescei na Graça e no conhecimento de nosso Senhor e Salvador Jesus Cristo. 2 Pedro 3:18

7.2. História bíblica.

Timóteo

Sugestão de recurso didático visual: Uma linda árvore modular em MDF e em cada camada que cresce, segue um passo para o nosso crescimento espiritual.

Obs.: sinalizamos durante o texto, através do símbolo **✱**, o momento correto e a ordem de utilização do recurso visual sugestionado.

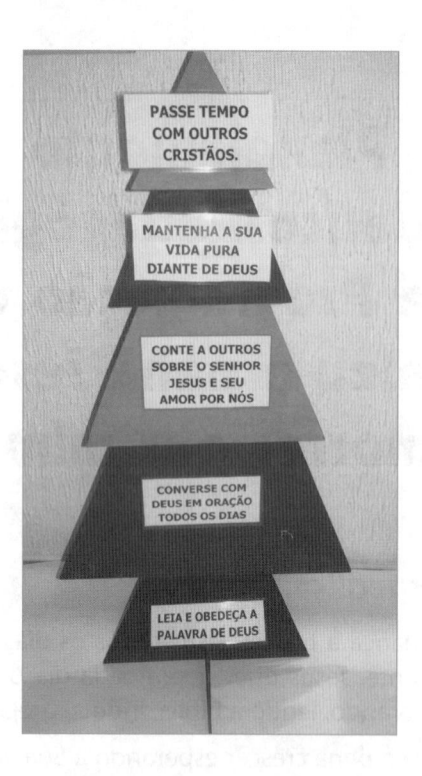

O que vem à cabeça quando se fala na cor verde? (Deixe as crianças responderem). Eu penso em crescimento do jardim, plantas, árvores, grama. Esta cor nos lembra crescimento, não é ficar mais alto, crescer em tamanho, mas é algo diferente. Uma vez que você aceita a Jesus como Seu Salvador, Ele se torna Seu Amigo e quer que você O conheça melhor. Enquanto você cresce e conhece mais a Jesus está ficando cada vez mais parecido com Ele.

– *Venha Timóteo! Está na hora de ler a Bíblia.*

O jovem Timóteo deve ter ouvido muitas vezes essas palavras da boca de sua mãe onde moravam na cidade de Listra. Timóteo viveu há muito tempo e podemos ler sobre ele na Bíblia. O nome Timóteo significa *honrando a Deus*. A mãe de Timóteo, Eunice, deve ter escolhido o nome do filho com todo cuidado. A mãe e avó de Timóteo amavam a Deus e queriam que ele aprendesse muito sobre Deus. Desde novo Timóteo estudava as escrituras.

Certo dia ele encontrou Paulo que era um missionário. Quando Paulo visitou Listra ele ouviu falar de Timóteo. Paulo sabia que um dia ficaria velho demais para continuar viajando e contando a outros sobre Jesus. Ele queria treinar alguém para ser missionário como ele. Mas, esta pessoa tinha de estar crescendo no Senhor Jesus. Paulo deve ter ficado bem impressionado com Timóteo porque pediu que viajasse com ele e o ajudasse a ensinar a outros sobre Cristo.

Se você conhece o Senhor Jesus como Salvador, Ele quer que você cresça Nele. Quando você nasceu, era bem pequenininho e indefeso, que não podia fazer nada sozinho; outras pessoas tinham que fazer por você, te alimentar, te vestir. Mas passando o tempo você foi crescendo e se tornando mais independente e sabendo mais das coisas. A sua vida espiritual também é assim. Quando você entra na família de Deus, outras pessoas tiveram que te ajudar, a memorizar versículos, a orar. Depois você vai aprendendo sobre Deus e crescendo cada vez mais.

Timóteo deve ter ficado entusiasmado com a ideia de acompanhar Paulo em seu trabalho. Ele sabia que não ia ser fácil. Paulo tinha sido bastante maltratado em vários lugares por pessoas que não queriam ouvir a sua mensagem.

Muitas pessoas creram na mensagem deles e foram formando igrejas onde os cristãos novos se reuniam para aprender a Palavra de Deus e crescer juntos.

Mais tarde, Paulo pediu a Timóteo que cuidasse de uma igreja na cidade de Éfeso. Os cristãos dali precisavam que Timóteo os ensinasse e ajudasse a crescer no Senhor. Paulo continuou encorajando Timóteo, escrevendo cartas para ele. Cinco maneiras importantes em que Paulo encorajou Timóteo a crescer foram:

(1) Leia e obedeça a Palavra de Deus.

(2) Converse com Deus em oração todos os dias.

(3) Conte a outros sobre o Senhor Jesus e seu amor por nós.

(4) Mantenha a sua vida pura diante de Deus.

(5) Passe tempo com outros cristãos.

Paulo queria que Timóteo crescesse no Senhor. Você pode crescer no Senhor Jesus Cristo!

Deus diz que no Céu irá recompensar os que crescem e servem fielmente a Ele. Crescer no Senhor Jesus é as vezes um desafio. Mas, valerá a pena quando você estiver um dia diante de Deus naquela rua de ouro no céu e Ele disser: "muito bem meu filho, você foi fiel!".

Se você conhece Jesus, vai decidir crescer Nele? Você quer crescer com Jesus e ser um filho fiel? Se sim, fique em pé e ore comigo.

7.3. Memorização: versículo do dia.

> "Crescei na graça e no conhecimento de nosso Senhor e Salvador Jesus Cristo."
> (2 Pedro 3:18)

Você que tem 6 anos, será que consegue ainda vestir aquela bela roupa de 2 anos? Claro que não, não é? Que bom você está crescendo! A ordem natural é que cresçamos a cada dia e com saúde. Deus quer que cresçamos também com Ele.

A Palavra de Deus, a Bíblia, lá no Novo Testamento, no livro de 2 Pedro, no capítulo 3 e versículo 18 diz assim (leia diretamente na Bíblia):

"Crescei na graça e no conhecimento de nosso Senhor e Salvador Jesus Cristo".

Crescei na graça – Precisamos cada vez mais ser parecidos com Jesus.

E no conhecimento de nosso Senhor e Salvador Jesus Cristo – Precisamos conhecer mais a Jesus, querer aprender mais sobre Ele.

Você já conhece a Jesus e tem buscado parecer cada dia com Ele? Continue assim. Fale de Jesus para outros, para que eles também possam conhecê-lo.

Faça perguntas do tipo: Quem gosta de pizza? Quem levantar a mão e disser que gosta de pizza repete o versículo. Selecione pelo menos 7 perguntinhas e repita junto com as crianças.

Sugestão de recurso visual para memorização de versículos:

Confeccionado com placas de E.V.A. escrito em *silk* e na lateral uma régua em E.V.A. preto.

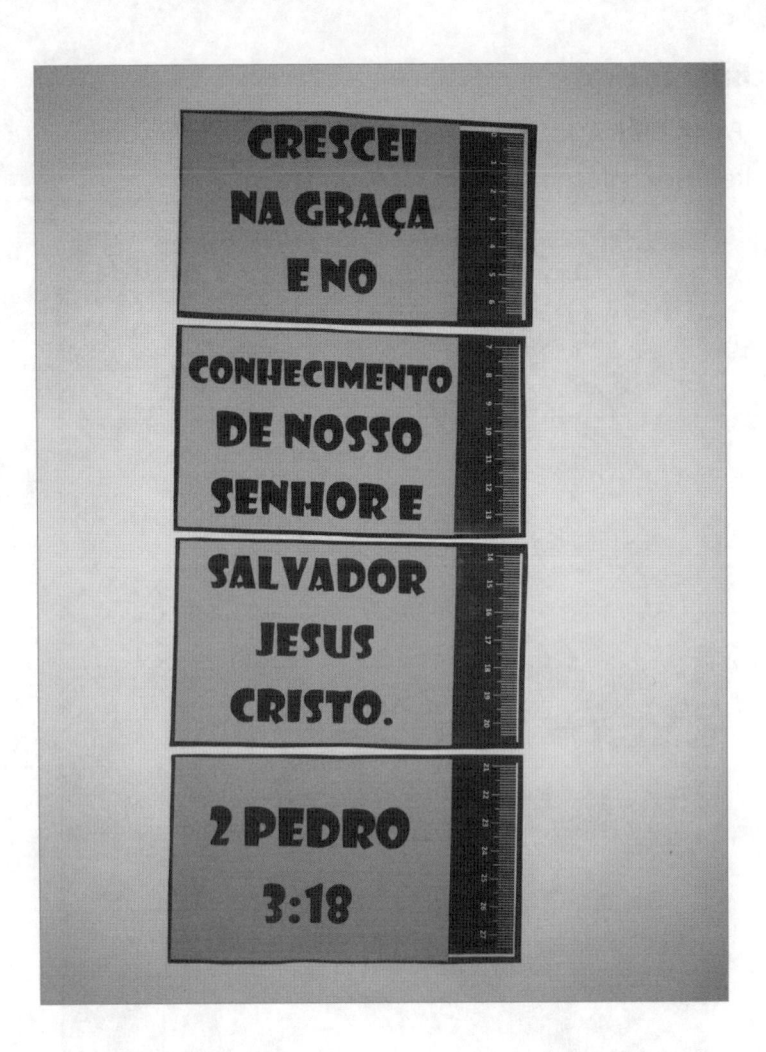

Como utilizar:

Peça ajuda de 4 crianças para segurar as placas em E.V.A. E conforme for memorizando poderá virar de costas, ou virar a placa de ponta cabeça, ou deixar inclinada, ou ficar balançando. Crie uma maneira de dificultar a leitura e brinque de memorizar.

7.4. Brincadeiras.

(FAIXA ETÁRIA 1: 4 A 7 ANOS): Quebra-cabeça da árvore.

Recurso confeccionado em E.V.A. com felcro.

Como brincar?

A criança terá 10 segundos para visualizar a figura e depois montar o quebra-cabeça. Vencerá a criança que montar em menos tempo.

(FAIXA ETÁRIA 2: 8 A 12 ANOS): Com cuidado, complete o quadro.

Recurso confeccionado com feltro em base azul e quadrados nas cores: amarelo, preto, vermelho, branco e verde. 10 figuras em papel plastificado com velcro.

Como brincar?

Esta brincadeira deve ser usada no último dia da EBF, fazendo as crianças assimilarem todas as cores do plano da Salvação e seus respectivos significados. Um painel grande exibirá cinco quadros, cada quadro uma cor do Plano da Salvação.

De acordo com orientador o painel deverá ser completado com figuras que represente o significado de cada cor. Estas figuras ficarão dentro de um saco de TNT e a criança terá um tempo determinado para colocar todas as figuras no painel e explicar cada cor e seu significado.

7.5. Trabalho manual.

(FAIXA ETÁRIA 1: 4 A 7 ANOS):

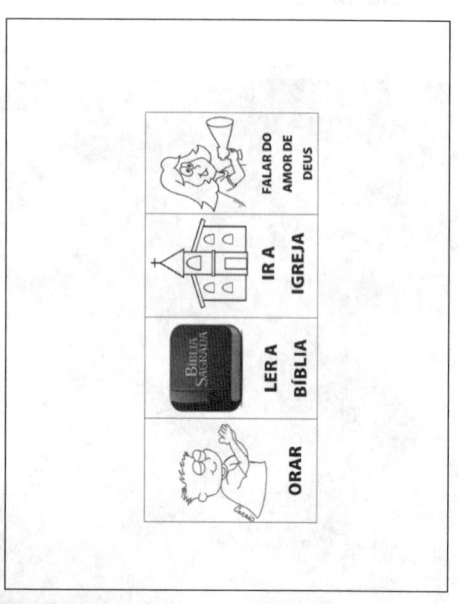

(FAIXA ETÁRIA 2: 8 A 12 ANOS):
Habilidade manual: recorte, colagem e criatividade.

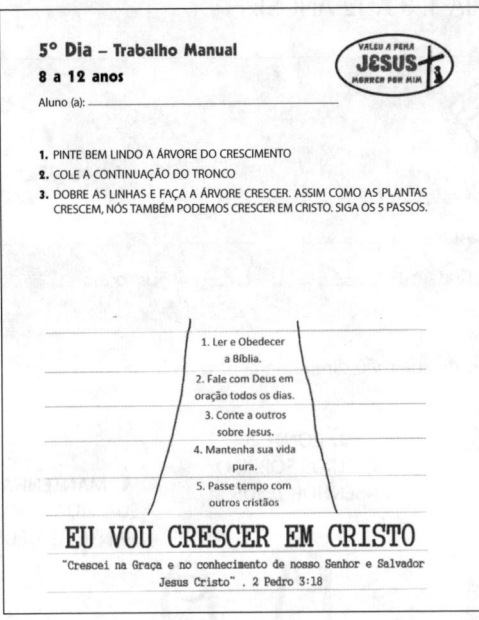

5º Dia – Trabalho Manual
8 a 12 anos

Aluno (a): _____

VALEU A PENA JESUS MORREU POR MIM

1. PINTE BEM LINDO A ÁRVORE DO CRESCIMENTO
2. COLE A CONTINUAÇÃO DO TRONCO
3. DOBRE AS LINHAS E FAÇA A ÁRVORE CRESCER. ASSIM COMO AS PLANTAS CRESCEM, NÓS TAMBÉM PODEMOS CRESCER EM CRISTO. SIGA OS 5 PASSOS.

1. Ler e Obedecer a Bíblia.
2. Fale com Deus em oração todos os dias.
3. Conte a outros sobre Jesus.
4. Mantenha sua vida pura.
5. Passe tempo com outros cristãos

EU VOU CRESCER EM CRISTO

"Crescei na Graça e no conhecimento de nosso Senhor e Salvador Jesus Cristo". 2 Pedro 3:18

5º Dia de Programação do Tema: Valeu a pena Jesus morrer por mim!

7.6. Dever de casa.

(FAIXA ETÁRIA 1: 4 A 7 ANOS):
(FAIXA ETÁRIA 1: 8 A 12 ANOS):

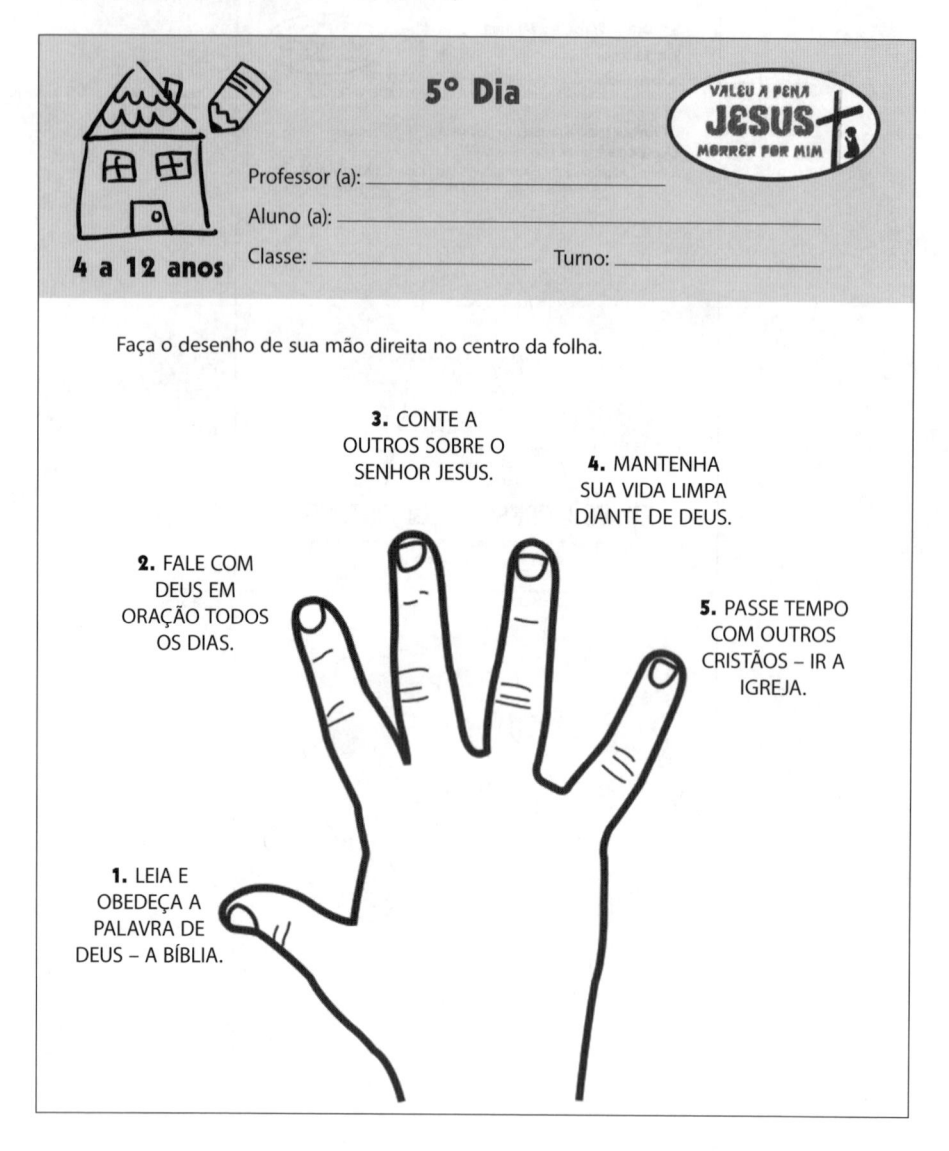

5º Dia

VALEU A PENA
JESUS
MORRER POR MIM

Professor (a): _____
Aluno (a): _____
Classe: _____ Turno: _____

4 a 12 anos

Faça o desenho de sua mão direita no centro da folha.

3. CONTE A OUTROS SOBRE O SENHOR JESUS.

4. MANTENHA SUA VIDA LIMPA DIANTE DE DEUS.

2. FALE COM DEUS EM ORAÇÃO TODOS OS DIAS.

5. PASSE TEMPO COM OUTROS CRISTÃOS – IR A IGREJA.

1. LEIA E OBEDEÇA A PALAVRA DE DEUS – A BÍBLIA.

2º Programa para EBF de Cinco Dias

Minha vida nas Mãos de Deus!

Versículo chave: "Não se deixem dominar pelo amor ao dinheiro e fiquem satisfeitos com o que vocês têm, pois Deus disse: Eu nunca os deixarei e jamais os abandonarei" (Hebreus 13:5).

Objetivo geral: Levar crianças à Salvação em Cristo Jesus, mostrando o sacrifício de Jesus por nós na cruz e o Seu Amor nos limpando assim de todo pecado.

Nesta EBF falamos sobre a vida de Moisés que decidiu colocar sua vida nas mãos de Deus, e Deus o usou sobremaneira.

8.
Planejamento Didático-Pedagógico
1º Dia de Programação do Tema: Minha vida nas Mãos de Deus!

8.1. Objetivo específico.

Que a criança não salva receba a Jesus como o seu Único Salvador. Mostrar-lhe o cuidado que Deus tem conosco; fazê-la confiar em Deus sempre que surgir algum problema.

Base bíblica: Êxodo 1; Êxodo 2:1-10; Números 26:59; Atos 7:20-53; Hebreus 11:23.

Verdade Principal: Quando coloco minha vida nas mãos de Deus confio que Ele está cuidando de mim.

Versículo de Memorização: "Entreguem todas as suas preocupações a Deus, pois Ele cuida de vocês". 1 Pedro 5:7

Lição Bíblica: O nascimento de Moisés.

8.2. História bíblica.

"O nascimento de Moisés"

Sugestão de recurso didático visual: uma linda maquete feita de E.V.A., metade rio com peixes e outra metade solo com gramas e árvores. Três bonecas de cone em E.V.A. soltas para deslizar sobre a maquete e o bebê Moisés.

Obs.: Sinalizamos durante o texto, através do símbolo ✱, o momento correto e a ordem de utilização do recurso visual sugestionado.

* (Entre em cena com a bolsa no formato cilindro e vá abrindo a maquete e monte a base).

Você alguma vez na vida já sentiu que ninguém liga para você? Vocês podem sentir que estão sozinhos, quando dificuldades acontecem na vida de vocês. Mas, há alguém que sempre se preocupa e este alguém é Deus. Nos próximos dias iremos aprender sobre o cuidado incrível de Deus por seus filhos. Hoje nós vamos aprender sobre uma família israelita que morava no Egito há muito tempo. Essa família realmente precisava confiar que Deus cuidava dela – o bebê que acabara de nascer corria perigo!

Quase 400 anos antes desse episódio, os israelitas, também chamados de hebreus, tiveram de abandonar a terra deles, Canaã, devido à escassez de alimentos (a fome). Eles foram para o Egito buscar comida e ficaram por lá centenas de anos. As famílias israelitas tiveram muitos bebês e, um dia, muito tempo depois, havia cerca de dois milhões de israelitas no Egito!

O rei, que era chamado de Faraó, estava preocupado, pois logo os israelitas seriam mais numerosos do que os egípcios! Ele estava preocupado, porque eles poderiam se unir aos inimigos do povo egípcio e lutar contra a nação do Egito.

Para manter os israelitas sob controle, Faraó os fez trabalhar como escravos (trabalhadores que não recebem dinheiro por seu trabalho). Dia após dia, eles trabalhavam sob o sol escaldante, fazendo tijolos de argila para os prédios e as construções do Faraó. No entanto, apesar desse trabalho pesado, o número de israelitas continuou a crescer.

Faraó, portanto, ordenou que as parteiras (enfermeiras que ajudavam as mulheres israelitas na hora do parto) matassem todos os bebês do sexo masculino que nascessem! Um plano tão malvado só poderia ter sido concebido por um homem cujo coração era muito pecador.

Vocês sabiam que vocês nasceram com um coração pecador? A Bíblia diz: "enganoso é o coração, mais do que todas as coisas, e desesperadamente corrupto; quem o conhecerá?" Jeremias 17:9 O coração de vocês pode enganá-los (pregar peças em vocês) ao levar vocês a pensarem que são pessoas boas, mas como todas as pessoas do mundo, vocês são pecadores. O pecado é qualquer coisa que vocês pensem, digam ou falem que quebra as leis de Deus. Quando vocês mentem, desobedecem aos pais ou dizem ou fazem algo ofensivo para as outras pessoas, vocês pecam. O pecado separa vocês de Deus. Como Deus é Santo e não pode aceitar nenhum tipo de pecado, vocês ficariam separados Dele para sempre, se Ele não tivesse criado uma maneira para que o pecado de vocês fosse perdoado.

Deus criou vocês e as pessoas que vocês amam, apesar do pecado de vocês! Em seu plano perfeito, Ele enviou seu Filho, o Senhor Jesus, para o mundo, como um bebezinho. Quando Ele se tornou um homem, Jesus foi pego por homens maus e pregado em uma cruz para morrer. Jesus nunca fez nada de errado. Então, por que isso aconteceu? A Bíblia ensina que Ele escolheu sofrer, sangrar e morrer na cruz para que vocês pudessem ser perdoados de seus pecados. Deus O puniu no lugar de vocês. A Bíblia diz: "Porque Deus amou ao mundo de tal maneira que deu seu filho unigênito, para que todo aquele que Nele crê [confie Nele] não pereça [não fique separado de Deus], mas tenha a vida eterna" João 3.16. Após Jesus morrer, Ele foi sepultado e três dias depois Ele voltou para a vida novamente. Que maravilha! Deus criou uma maneira para que vocês fossem perdoados apesar do coração pecador de vocês!

O coração pecador de Faraó o levou a elaborar esse plano malvado. A Bíblia, porém, diz que as parteiras temeram a Deus e recusaram-se a matar os bebês das israelitas.

Determinado a fazer as coisas de sua maneira, Faraó fez uma lei cruel. A nova lei dizia: *Todo bebê do sexo masculino nascido de mãe israelita deve ser jogado no rio Nilo para que morra afogado*. Essa lei deve ter deixado muitas famílias israelitas tristes e com um medo terrível!

Uma dessas famílias era a de um homem chamado Anrão e sua esposa, Joquebede. Eles tinham um filho de três anos de idade, Arão, e uma filha adolescente, Miriã. Joquebede logo teria mais um filho. O bebê seria menino ou menina? – isso é só que eles ficavam pensando.

Por fim, chegou o momento do bebê nascer. Era um menino! Eles provavelmente acalmavam o choro desse bebê, pois sabiam que ele estava em perigo. Mas a Bíblia diz que eles não tinham medo da lei de Faraó. Eles sabiam que Deus amava esse bebê. Eles precisavam confiar que Deus cuidaria do menino, mesmo nessa situação difícil.

Se você aceitou o Senhor Jesus como seu Salvador, então *confie que Deus cuida de você* até mesmo nos momentos mais difíceis de sua vida. Talvez haja momentos em sua vida em que chegue até a duvidar que Deus está tomando conta de você. Talvez quando você chega da escola e precisa ficar sozinho enquanto seus pais estão no trabalho. Ou quem sabe há muita violência onde você vive e você se preocupa com a sua segurança nas ruas, na escola ou até mesmo em casa. É natural sentir medo de vez em quando – nosso mundo é, às vezes, um lugar que nos deixa bem amedrontados! Você acha que Deus conhece os perigos da sua vida? (Conhece!) Ele cuida de você? (Cuida!) A Bíblia ensina que Deus sabe de tudo. Ele sabe de tudo que acontece no mundo e não existe situação que seja difícil para Ele. A Bíblia diz: "Coisa alguma te é demasiadamente maravilhosa [para Deus]" Jeremias 32:17. Não interessa qual seja o seu problema, você pode confiar que Deus o ajudará e tomará conta de você.

Joquebede e as pessoas da família confiavam que Deus cuidaria delas e do bebê do sexo masculino, apesar da terrível lei de Faraó. O bebê crescia e ficava cada vez mais difícil escondê-lo.

Um dia Deus deu a Joquebede um plano. Ela provavelmente pediu para os filhos juntarem bastante junco, que ela teceu para fazer uma cesta. Depois, ela forrou o lado de fora da cesta com uma substância pegajosa que faria com que a cesta ficasse impermeável. Miriã e Arão observavam, com muita curiosidade, a mãe trabalhar. Talvez ela tivesse até contado para eles o plano ousado que tinha em mente. Quando a cesta ficou pronta, Joquebede colocou suavemente o bebê lá dentro, fechou a tampa e levou-a até o rio Nilo.

Provavelmente, com os olhos cheios de lágrimas, ela pôs cuidadosamente a cesta no rio e observou enquanto ela flutuava por entre o junco. Miriã ficou para ver o que aconteceria ao bebê. Ela deve ter ficado escondida atrás do capim alto que crescia às margens do rio e viu a cesta levando seu irmãozinho.

Enquanto Miriã olhava e esperava, ela percebeu que havia algumas mulheres vindo para o rio. Elas eram servas que trabalhavam no palácio de Faraó. E quem era aquela jovem bem vestida que estava com elas? A filha do Faraó! O coração de Miriã deve ter disparado enquanto observava através do capim alto.

A filha de Faraó andava ao longo da margem do rio. Então, ela notou aquele objeto estranho que flutuava por entre o junco. Ela pediu que uma de suas servas fosse até lá pegar aquele objeto para ela.

A serva pôs a cesta no chão. A filha de Faraó a abriu e olhou para ver o que tinha lá dentro. Miriã deve ter perdido o fôlego, quando escutou o choro de seu irmãozinho, mas ela esperou para saber o que a princesa faria.

Ao olhar para a pequena face coberta de lágrimas, a filha de Faraó sabia que esse era um dos bebês hebreus. Ela também conhecia a lei de seu pai, mas seu coração se inclinou para esse pequenino que estava na cesta. Em vez de jogá-lo no rio para que se afogasse, a filha do Faraó decidiu ficar com ele. Até mesmo numa situação tão perigosa como essa, Deus estava cuidando do bebê!

Se você aceitou o Senhor Jesus como Salvador, confie que Deus cuida de você. Como você é filho Dele, Ele tem um plano para a sua vida. Ele sempre pode achar uma solução para qualquer situação, por mais difícil que ela seja. Embora você possa sentir medo em algumas situações ou de algumas pessoas, Deus diz que há algo que você pode fazer com essas preocupações ou cuidados.

Nosso versículo para a memorização diz, (recitem 1 Pedro 5.7 juntos). Lançar suas preocupações sobre o Senhor significa contar a Ele tudo que o atormenta e confiar que Ele fará o melhor para você. Será que isso significa que Ele mudará ou retirará a situação difícil? Talvez. Ou Ele pode escolher conduzir você através dessa situação difícil, para que Ele possa lhe ensinar o que Ele quer que você aprenda.

Quando estiver em uma situação difícil, você deve falar com Deus sobre isso. Lembre-se de que Ele é Poderoso – Ele pode fazer tudo! Agradeça e Ele por Ele amar você e por cuidar de você. Peça a Ele para te ajudar a confiar Nele. Deus cuidará de você!

Deus estava cuidando do bebê até mesmo nessa situação perigosa! A filha de Faraó decidiu ficar com o menino.

Miriã saiu de seu esconderijo e, timidamente, aproximou-se da princesa.

– Você gostaria que eu encontrasse uma mulher hebreia para cuidar do bebê para você? – perguntou ela.

A filha de Faraó aceitou a sugestão, e Miriã voltou correndo para a casa dela para contar para mãe o que acontecera. Miriã trouxe sua mãe para junto da princesa.

– Pegue este bebê e cuide dele para mim – disse a filha de Faraó para Joquebede. – Eu pagarei por seus serviços.

Joquebede estendeu os braços e pegou seu filhinho em seus braços. O coração dela certamente ficou exultante! Ela não teria mais de esconder o filhinho, ou temer pela vida dele. Ela poderia cuidar dele – e até seria paga para fazer isso!

Deus cuidou de forma maravilhosa de Joquebede e de seu bebê!

Joquebede levou o filho para casa e teve a alegria de cuidar dele nos anos seguintes. Embora fosse viver com ele apenas alguns anos, Joquebede deve ter se esforçado muito para ensinar ao menino sobre o cuidado de Deus.

Por fim, chegou o dia em que Joquebede teria de levar o filho para o palácio. A filha de Faraó o adotou e deu-lhe o nome de Moisés, que significa das águas o tirei, pois ele fora tirado do rio.

Joquebede deve ter se sentido muito triste, quando deixou o filho no palácio para que fosse educado pela princesa egípcia. Mas, bem no fundo do coração, ela sabia que o Deus que não deixaria o filho morrer no rio, continuaria cuidando dele a vida toda.

Se você aceitou o Senhor Jesus como Salvador, confie que Deus cuida de você. Qualquer que seja a situação difícil que você tenha de enfrentar, lembre-se de que Deus é Todo-Poderoso e Onipresente (sabe tudo o que acontece). Ele pode solucionar qualquer problema! Quando estiver preocupado, lembre-se de nosso versículo para memorização. Recitem 1 Pedro 5.7 juntos. Diga esse versículo para você mesmo e pense sobre como Deus é poderoso. Diga a Deus o seu problema e agradeça a Ele por Ele amar você e por cuidar de você. Peça a Ele ajuda para confiar Nele e para não se preocupar mais.

A sua hora silenciosa servirá para lembrá-lo do que você deve fazer quando está preocupado.

Talvez você ainda não confie no Senhor Jesus como seu Salvador. Mas como Deus ama você, Ele criou um caminho para que os seus pecados sejam perdoados. A Bíblia diz:

"Porque Deus amou o mundo [vocês e eu] de tal maneira que deu Seu Filho unigênito, para que todo o que Nele crê [confie] não pereça [não fique separado de Deus], mas tenha a vida eterna" João 3.16. Se você concorda com Deus de que você é pecador e crê (confia plenamente) em Jesus, o Filho de Deus, que morreu e ressuscitou por você, você pode ser perdoado. Você será mudado no interior para que viva para alegrá-lo. Você também terá a vida eterna e, um dia, irá morar com Deus lá no Céu. Você está disposto a se afastar do pecado e aceitar o Senhor Jesus como seu Salvador hoje?

Por favor, inclinem suas cabeças e fechem seus olhos. Se você quiser aceitar o Senhor Jesus como seu Salvador, por favor, olhe para mim (faça uma pausa e confirme a resposta.) Você pode abrir os olhos. Se você olhou para mim, por favor, encontre-me (estabeleça o local e o horário), para que eu possa mostrar a você na Bíblia como você pode ter a vida eterna com Deus.

8.3. Memorização: versículo do dia.

> "Entreguem todas as suas preocupações Deus, pois Ele cuida de vocês."
> (1 Pedro 5:7)

Paulinha estava muito preocupada. É que ela fora escolhida para fazer um discurso para o prefeito da sua cidade em nome da Escola. Que responsabilidade estava sobre a Paulinha!

Todos nós já ficamos preocupados alguma vez!

A Bíblia que é a Palavra de Deus nos fala como devemos nos comportar diante das preocupações. No livro de 1 Pedro Capítulo 5 versículo 7 diz o seguinte (leia o versículo na Bíblia). Após a leitura mostre o visual com o versículo. Leia o versículo junto com as crianças.

Entreguem todas as suas preocupações a Deus – Fale para Deus tudo que te deixa triste, com medo, ansioso.

Ele cuida de vocês – Deus te ama. Ele cuida de ti. Ele quer te ajudar em todas as situações difíceis de sua vida.

Deus quer ajuda-lo em todas as situações difíceis de sua vida. Diga a Ele hoje para ser o seu Salvador. Diga a Ele que você precisa dele.

Você sabe que Deus pode ajudar em todos os momentos difíceis de sua vida. Confia nele, entregue a Ele todas as suas preocupações.

Sugestão do recurso visual:

3 Placas em E.V.A. azul como base. Use uma placa para colocar a referência bíblica e aproveite pra fazer o Moisés no cestinho entre o verde de moitinha.

Com a ajuda de 3 crianças segure o visual para que todos consigam ler e repita com eles pelo menos 7 vezes. Veja se alguém consegue dizer sozinho e dê uma lembrancinha.

8.4. Brincadeiras.

(FAIXA ETÁRIA 1: 4 A 7 ANOS): Quebra-cabeça.

Recurso confeccionado em MDF mas que poderá ser feito em E.V.A. ou papel cartão. Prepare uma cópia da imagem para criança visualizar e marque em quanto tempo conseguirá montar.

Dica: quando terminar de montar coloque um balão para a criança estourar e marque o tempo quando estourar.

(FAIXA ETÁRIA 2: 8 A 12 ANOS): Caixa Surpresa

Recurso confeccionado com caixa de papelão decorada e alguns objetos dentro.

Como brincar?

A criança deverá abrir a caixa e contar a história do dia com os objetos que tem dentro da caixa. Deverá retirar um objeto de cada vez. Essa brincadeira estimula a criatividade da criança na contação de histórias, com certeza irá descobrir grandes atores.

8.5. Trabalho manual.

(FAIXA ETÁRIA 1: 4 A 7 ANOS):

Habilidade manual: pintura, colagem e montagem.

Materiais utilizados: Cópia do desenho, lápis de cor e uma folha color set.

Monte o quadro

1º Dia – Trabalho Manual

4 a 7 anos

Aluno (a): _____

Minha VIDA está nas mãos DE DEUS

Montando a cena

1. Pinte bem colorido a cena de Moisés no cesto.
2. Cole a imagem numa folha de color set colorida
3. Faça uma sanfona com uma tirinha de papel e cole no verso do cestinho.
4. Cole o cestinho no rio do cenário.
5. Está pronto a linda cena de Moisés sendo encontrado pela filha de Faraó.

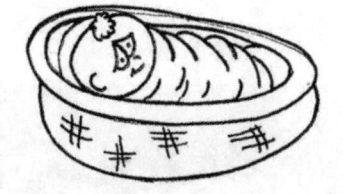

1º Dia de Programação do Tema: Minha vida nas Mãos de Deus!

(FAIXA ETÁRIA 2: 8 A 12 ANOS):

Habilidade manual: colagem e montagem.

Materiais utilizados: cestinha de vime, cola, retalho de tecido e massinha de modelar.

A criança deverá montar o cestinho de Moisés, cobrir com tecido e modelar o bebê Moisés com a massinha.

1º Dia – Trabalho Manual
8 a 12 anos

Aluno (a): _____

Minha VIDA está nas mãos DE DEUS

Nesta cesta de vime, faça o bebê Moisés com massa de modelar e enrole num paninho e coloque dentro do cesto.

Uma linda lembrança dessa inesquecível aula.

8.6. Dever de casa.

(FAIXA ETÁRIA 1: 4 A 7 ANOS):

1º Dia

Professor (a): _____
Aluno (a): _____
Classe: _____ Turno: _____

4 a 7 anos

Minha VIDA está nas mãos DE DEUS

O NASCIMENTO DE MOISÉS

O Rei do Egito, com medo que os israelitas se tornassem um povo grande e forte, mandou matar todos os meninos israelitas que nascessem. Havia um menino especial e uma família que se preocupou em cuidar dele e salvá-lo. Aquela família estava nas mãos de Deus, pois confiava Nele. Assim como a família de Moisés, coloque sua família nas mãos de Deus, confie em Deus e verá o cuidado que Ele tem com você. Coloque as letras em seu quadrado e descubra quem ajudou o bebê Moisés.

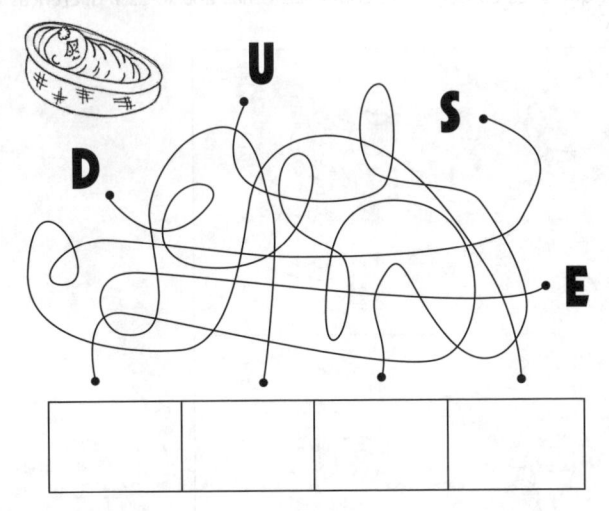

U S D E

"Nunca esqueça: Você e sua família estão nas mãos de Deus; Ele tem cuidado de vocês"!!!

1º Dia de Programação do Tema: Minha vida nas Mãos de Deus!

(FAIXA ETÁRIA 2: 8 A 12 ANOS):

1º Dia

8 a 12 anos

Professor (a): _____
Aluno (a): _____
Classe: _____ Turno: _____

Minha VIDA está nas mãos DE DEUS

O NASCIMENTO DE MOISÉS

O Rei do Egito, com medo que os israelitas se tornassem um povo grande e forte, mandou matar todos os meninos israelitas que nascessem. Havia um menino especial e uma família que se preocupou em cuidar dele e salvá-lo. Aquela família estava nas mãos de Deus, pois confiava Nele. Assim como a família de Moisés, coloque sua família nas mãos de Deus, confie em Deus e verá o cuidado que Ele tem com você. Coloque as letras em seu quadrado e descubra quem ajudou o bebê Moisés.

1. Será que você consegue descobrir nas cenas abaixo as 7 diferenças entre elas?

> "Nunca esqueça: Você e sua família estão nas mãos de Deus; Ele tem cuidado de vocês"!!!

9.
Planejamento Didático-Pedagógico
2º Dia de Programação do Tema: Minha vida nas mãos de Deus!

9.1. Objetivo específico.

Que a criança não salva creia na Salvação em Jesus e O receba. Fazê-la entender que quando colocamos nossa vida nas mãos de Deus, Ele nos guia em seu plano; nos ajuda a segui-lo e nos capacita para fazermos a sua vontade. Que a criança entenda que Deus nos ajuda a fazer o que Ele pede.

Subtema: Minhas decisões nas mãos de Deus.

Base Bíblica: Êxodo 2:11; 4:17; Hebreus 11:24-27; Isaías 43:1; Marcos 2:17.

Verdade Principal: Quando coloco minha vida nas mãos de Deus, Ele me ajuda a fazer o que pede.

Versículo de Memorização: "Eis-me aqui, envia-me a mim". Isaías 6:8

9.2. História bíblica.

"O Chamado de Moisés".

Sugestão de Recurso didático Visual: Varal de figuras em 6 cartazes sendo 3 em dupla face confeccionado em E.V.A., detalhes em tinta dimensional e giz de cera.

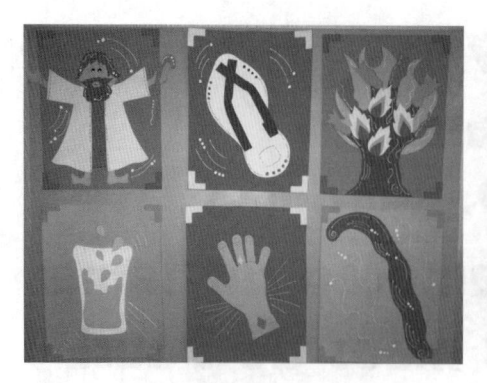

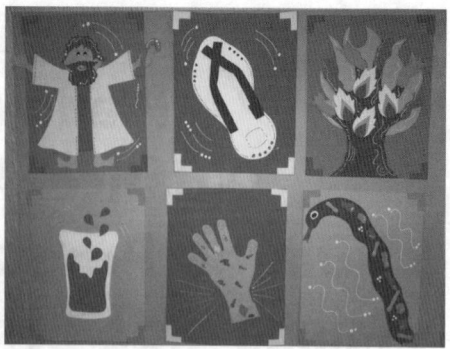

Obs.: Sinalizamos durante o texto, através do símbolo *, o momento correto e a ordem de utilização do recurso visual sugestionado.

Imagine como seria crescer em um palácio! Os olhos do pequeno Moisés devem ter ficado arregalados de surpresa quando viu o chão brilhando, os pilares de mármore, bem altos, e os tecidos ricos e bem coloridos que enfeitavam sua nova casa no Egito. Embora a família de Moisés estivesse grata à princesa por ela ter salvo a vida do filho deles, o dia em que deixaram o bebê no palácio, provavelmente, foi muito triste para eles. Mas tudo isso era parte do plano de Deus para preparar Moisés para realizar uma grande tarefa.

Moisés devia ter sido o melhor em tudo. Ele tinha roupas finas e alimentos deliciosos a seu dispor. Ele tinha servos para cuidar de todas as suas necessidades e os melhores professores para ensinar-lhe histórias, os escritos e as línguas do Egito.

A Bíblia diz que quando Moisés ficou adulto, ele tornou-se *poderoso em palavras e obras*. Ele era um príncipe! Mas Moisés nunca esqueceu sua família de verdade. Ele sabia que nascera de pais israelitas e, não gostava do tratamento cruel que seu povo recebia.

Um dia, quando Moisés viu um egípcio batendo em um escravo hebreu, Moisés matou o egípcio e escondeu o corpo na areia do deserto. Ele cometeu um crime grave: assassinato. Por que vocês acham que ele fez isso? (Dê tempo para as respostas.) Para Deus, o que Moisés fez estava errado. Moisés pode ter pensado que os hebreus, seu povo, compreenderiam que Deus o escolhera para libertá-los – mas ele estava enganado.

Mais tarde, Moisés viu dois israelitas brigando mas, quando ele tentou separá-los, um deles perguntou-lhe: "Quem o fez nosso governante e juiz? Você vai me matar como matou um egípcio?". Moisés, nesse momento, percebeu que todos sabiam o que ele fizera. Até o Faraó sabia e ordenara que ele fosse morto.

Moisés sabia que precisa fugir. Ele viajou através do deserto e montanhas para o país de Mídia. Enquanto descansava junto a um poço, Moisés viu uns pastores grosseiros enxotarem um grupo de meninas do poço e ele ajudou as meninas a conseguir água para os rebanhos delas. Quando as meninas contaram para o pai delas, Jetro, como Moisés as ajudara, Jetro disse para as meninas irem até o poço e convidarem Moisés para vir para a casa dele.

Moisés veio morar com a família de Jetro. Depois se casou com Zípora, uma das filhas de Jetro, e teve dois filhos.

Nos quarenta anos seguintes, Moisés trabalhou como pastor, cuidando dos rebanhos de Jetro. Como essa vida era diferente da vida que levava no palácio!

Moisés pensava, com frequência, em seu povo, ainda escravo no Egito. Talvez ficasse pensando em quanto tempo mais Deus permitiria que seu povo sofresse. Mas Deus não se esquecera deles! A Bíblia diz que Deus escutou o lamento de seu povo e viu o sofrimento deles.

Um dia Moisés estava na montanha com as ovelhas de Jetro, quando notou algo muito estranho. Havia fogo em um arbusto (sarça), mas o arbusto (sarça) não se consumia, não se queimava, no fogo! Moisés chegou mais perto para ver melhor. Aí, ele escutou uma voz: "Moisés! Moisés!".

– Eis-me aqui – respondeu Moisés.

– Tire as sandálias – disse a voz. – você está pisando em solo sagrado. Eu, Jeová (Javé), sou o Deus de seus antepassados.

Deus estava falando com Moisés!

Moisés tirou as sandálias e escondeu o rosto, porque temeu olhar para o Senhor. Ele estava diante de seu Criador, todo poderoso e santo.

Esse mesmo Criador, Todo Poderoso e Santo, criou você. Ele é Perfeito e está separado de qualquer coisa pecadora. Ele sabe tudo a seu respeito, inclusive os pecados. A Bíblia diz: "Pois todos pecaram" (Romanos 3.23). Deus odeia os pecados que você faz, tais como fazer manha e reclamar ou bater em alguém. Ele diz que você merece ser punido por Ele, o que significa ficar separado Dele para sempre em um lugar terrível, o inferno.

Deus é santo, mas Ele também é amor. Ele enviou seu Filho, o Senhor Jesus Cristo, para sofrer a punição pelos seus pecados, aquela que você merecia. Jesus viveu uma vida perfeita e nunca fez nada errado. Um dia ele deixou que homens ruins O pregassem na cruz, onde Ele sangrou e morreu por você. Deus O puniu em nosso lugar para que pudéssemos ser perdoados. A Bíblia diz: "O sangue de Jesus, seu Filho, nos purifica de todo pecado". Após a Sua morte, Jesus foi sepultado; três dias depois ele voltou novamente à vida. Hoje o Senhor está vivo lá no céu. Ele está esperando que você O chame para perdoar o seu pecado. Que Criador Santo e Todo Poderoso você e eu temos!

Moisés tirou as sandálias e escondeu o rosto em temor, pois estava diante do Criador Todo Poderoso e Santo.

Deus disse a Moisés que Ele vira e escutara o sofrimento de Seu povo. "Eu o enviarei a Faraó", disse Ele, "para que você possa tirar meu povo do Egito". Deus escolhera Moisés para ser o libertador de Seu povo!

Mas Moisés respondeu: "Eu não sou um grande homem. Por que eu deveria ser aquele que vai tirar os israelitas do Egito?" Moisés não achava que era capaz de fazer aquele grande trabalho que Deus estava pedindo que fizesse.

Talvez você se sinta incapaz de fazer algo para Deus. Talvez você saiba que Deus quer que você fale Dele para alguém, mas você não acha que teria as palavras certas para fazer isso. Talvez Deus tenha dado a você o dom de cantar ou tocar um instrumento, mas você tem medo de usar esse dom na frente de outras pessoas. Talvez você não ache que é forte o suficiente para dar um bom exemplo ao dizer não para o pecado em frente dos amigos. Para ser usado por Deus é preciso ter coragem e força interior. Mas, em vez de obedecer, talvez você tenha se recusado, ou dado alguma desculpa.

Deus não espera que você trabalhe para Ele por conta própria. Se você aceitou o Senhor Jesus como Salvador, **Deus o ajudará a fazer o que Ele pede**. Deus conhece você muito bem. Ele sabe o que você pode fazer, porque foi Ele quem lhe deu os seus talentos e as suas habilidades. Ele também sabe que você não é capaz de fazer nada por conta própria. A Bíblia diz: "Não que, por nós mesmos, sejamos capazes de [forte para] pensar alguma coisa... a nossa suficiência [força] vem de Deus, (2 Coríntios 3.5). Deus é Todo Poderoso. Ele pode lhe dar a força para fazer o que Ele pediu para que fizesse.

Moisés não achava que era capaz de fazer aquele grande trabalho que Deus estava pedindo que fizesse. Mas Deus disse: "Eu serei contigo".

Moisés perguntou:

– Quando eu for aos israelitas, terei de dizer quem me enviou. O que direi?

– Eu Sou o que Sou. Diga do povo de Israel que "Eu Sou – Jeová – enviou você – respondeu-lhe Deus. – Eu sou o Deus dos pais deles, dos antecedentes deles, Abraão, Isaque e Jacó – o Deus que sempre existiu.

Mas Moisés ainda estava com medo para obedecer. Ele perguntou a Deus:

– E se eles não acreditarem que o Senhor me enviou?

– O que você tem em suas mãos? – perguntou Deus.

– Meu bordão de pastor – respondeu Moisés.

– Jogue-o no chão – ordenou Deus.

Moisés fez o que Deus lhe ordenara e, para seu horror, o bordão se transformou em serpente que rastejava pelo chão!

– Pegue a serpente pela cauda, Moisés – ordenou Deus.

Moisés obedeceu e a serpente voltou novamente a ser bordão dele.

A seguir Deus disse: "Ponha sua mão dentro de sua veste".

Moisés obedeceu e quando retirou a mão de dentro da veste, ela estava coberta por uma terrível doença, a lepra.

– Agora, ponha a mão dentro de sua veste novamente – ordenou Deus.

Moisés obedeceu e, dessa vez, quando retirou a mão, a lepra já havia desaparecido!

– Se eles não acreditarem quando você fizer esses milagres, pegue a água do rio Nilo e jogue-a em terra seca, A água se transformará em sangue – disse Deus.

Esses eram milagres surpreendentes, mas Moisés ainda não estava pronto para confiar em Deus.

– Eu não sei falar bem – disse ele. – Não acho que eu deva ser aquele que falará com o Faraó.

Deus lembrou Moisés de que Ele é o Criador. Ele é quem faz com que as pessoas sejam capazes de falar.

– Agora vá – disse Deus. – Eu o ajudarei a saber o que falar.

Moisés queria mesmo ter certeza de que não estaria sozinho. Deus estaria com ele para ajudá-lo a fazer o que Ele tinha pedido.

Se você já aceitou o Senhor Jesus como Salvador, **Deus o ajudará a fazer o que Ele pede**. Há muitas coisas que Deus pode pedir para que você faça pra Ele, como, por exemplo, falar de Deus para outras pessoas, usar os seus dons para servir a Ele ou ser um exemplo para os outros ao dizer não para o pecado. Mas Deus nunca pedirá para você fazer alguma coisa sem dar o que você necessita para fazê-lo! Ele está com você e quer que você confie que Ele o ajudará. Deus tem todo poder que você necessita para realizar qualquer tarefa! Ele lhe dará as palavras que precisa dizer, e a coragem, quando estiver com medo. Ele é a sua força, quando você se sentir fraco.

Quando houver algo que você sabe que Deus quer que faça, não se recuse a fazer nem dê desculpas. Lembre-se de que Deus é fiel e poderoso para ajudar. Confie que Ele dará tudo o que você precisar. Seja obediente a Ele e lembre-se de que Ele está com você para lhe ajudar a fazer o que Ele pediu para você fazer.

Deus estaria com Moisés para ajudá-lo a fazer o que Ele tinha pedido.

Mas Moisés ainda duvidava e tinha medo:

– Por favor, Senhor – implorou Moisés –, mande outra pessoa!

Deus ficou bravo com Moisés e disse-lhe:

– Seu irmão, Arão, fala bem. Permitirei que ele fale e você fará os milagres com o bordão.

Deus ajudaria Moisés e Arão a fazer o que Ele tinha pedido que fizessem.

Moisés deixou a montanha e voltou para a casa de Jetro. Ele pediu que Jetro permitisse que ele retornasse ao Egito, e Jetro concordou. Quando Moisés estava se preparando para ir embora, ele deve ter pensando no que aconteceria com ele. O que Faraó diria? Como ele poderia libertar dois milhões de pessoas da escravidão? Essa seria uma enorme tarefa. Moisés devia estar muito feliz por saber que Deus estaria com ele para ajudá-lo.

Deus já pediu para você fazer uma grande tarefa? Fique feliz por saber que Deus está com você para ajudar. Não recuse nem dê desculpas. Se você já aceitou o Senhor Jesus como Salvador, **Deus o ajudará a fazer o que Ele pede**.

Esta semana, ore e pergunte a Deus o que Ele quer que você faça para Ele. Agradeça a Deus por Ele estar com você e por Ele ser fiel e poderoso para te ajudar. Lembre-se de que nosso versículo para memorização diz, Eis-me aqui, envia-me a mim. Isaías 6:8. Confie que Deus lhe dará as palavras, a coragem ou a força que você precisa. Seja obediente a Ele, e Ele o ajudará a desempenhar a tarefa.

Antes que você possa fazer algo para Deus, você deve ter seus pecados perdoados. Você quer admitir para Deus que está separado Dele por causa dos seus pecados? Você acredita que Jesus é o Filho de Deus, que morreu e ressuscitou para que você pudesse ser perdoado? A Bíblia diz: "Todo aquele que invocar o nome do Senhor será salvo" (Romanos 10.13). Deus é fiel para manter as promessas Dele. Se você O aceitar (acreditar que Ele morreu por você), Ele o perdoará e o salvará do castigo pelos seus pecados. Ele mudará o seu interior para que possa agradá-lo e servi-lo. Será que você quer se afastar dos seus pecados e aceitar o Senhor Jesus hoje?

Por favor, inclinem a cabeça e fechem os olhos. Se quiser aceitar o Senhor Jesus como seu Salvador, por favor, levantem a mão. (Faça uma pausa e confirme as respostas.) Se você levantou a mão, olhe para mim. Se você olhou para mim, por favor, encontre-me (estabeleça o local e o horário), para que eu possa mostrar a você na Bíblia como você pode ser salvo.

9.3. Memorização: versículo do dia.

> **"Eis me aqui, envia-me a mim"**
> (Isaías 6:8)

Quantos aqui já foram chamados, escolhidos para fazer alguma coisa especial? (Deixe as crianças participarem) Como você reagiu? Qual foi a sua resposta?

O versículo que vamos aprender hoje nos mostra a resposta de uma pessoa que foi chamada por Deus para uma missão.

Na Bíblia, no livro do Profeta Isaías no capitulo 6 e versículo 8 diz assim (leia o versículo para as crianças ouvirem). Agora nós vamos ler juntos (mostre o visual com versículo).

Eis-me aqui, envia-me a mim – Quando Deus nos chama para fazer algo, devemos estar prontos e dizer como Isaías: Eis-me aqui, pode contar comigo. Eu vou Senhor! E Ele vai com você para te ajudar, você nunca vai estar sozinho.

Jesus te ama. Ele quer te salvar do seu pecado, que separa você dele. Jesus quer fazer de você uma criança especial. Confie nele.

Você que já recebeu a Jesus como seu Salvador, sabe do que Ele pode fazer por você, acredite nele. Confie em Jesus.

Sugestão de recurso visual para memorização:

Recurso feito em Eva cor de pele, no molde de uma ovelha. Detalhes feito em tinta dimensional, giz de cera e caneta permanente preta. Laço preso com velcro onde está escrito a referência bíblica do versículo em silk. No verso da cabeça da ovelha está o versículo escrito em silk.

Como utilizar: Após ler o versículo diretamente na Bíblia, segure o visual da ovelha e peça as crianças para lerem juntas. Retire o laço e peça para repetir. Somente as meninas repetem. Depois só os meninos. Agora só os professores.... Repita com as crianças pelo menos 7 vezes e se possível separe uns brindes para este momento.

9.4. Brincadeiras.

(FAIXA ETÁRIA 1: 4 A 7 ANOS): a sarça ardente.

Recurso confeccionado em EVA formato de sarça em marrom e verde. Tiras em feltro nas cores amarelo, laranja e vermelho simbolizando a cor do fogo.

A criança deverá amarrar fitas vermelha, laranja e amarela na réplica de uma sarça em (01) um minuto.

Como brincar?

Deverá ser escolhido 2 crianças, uma criança irá segurar a réplica da sarça e a outra irá colocar num tempo de um minuto o maior número de tiras de pano vermelho, laranja e amarelo, amarrando-as na "sarça".

As fitas poderão ser colocadas a certa distância de onde ficará a criança que está segurando a sarça, assim o outro poderá pegar uma fita por vez, percorrer o caminho até onde está a sarça e amarrá-las uma em cada buraquinho. Ganhará a brincadeira a dupla que conseguir colocar mais fitas durante um minuto.

(FAIXA ETÁRIA 2: 8 A 12 ANOS): "Tire as sandálias dos seus pés".

Recurso confeccionado em E.V.A. sendo que a tarefa deverá estar fixada na sandália.

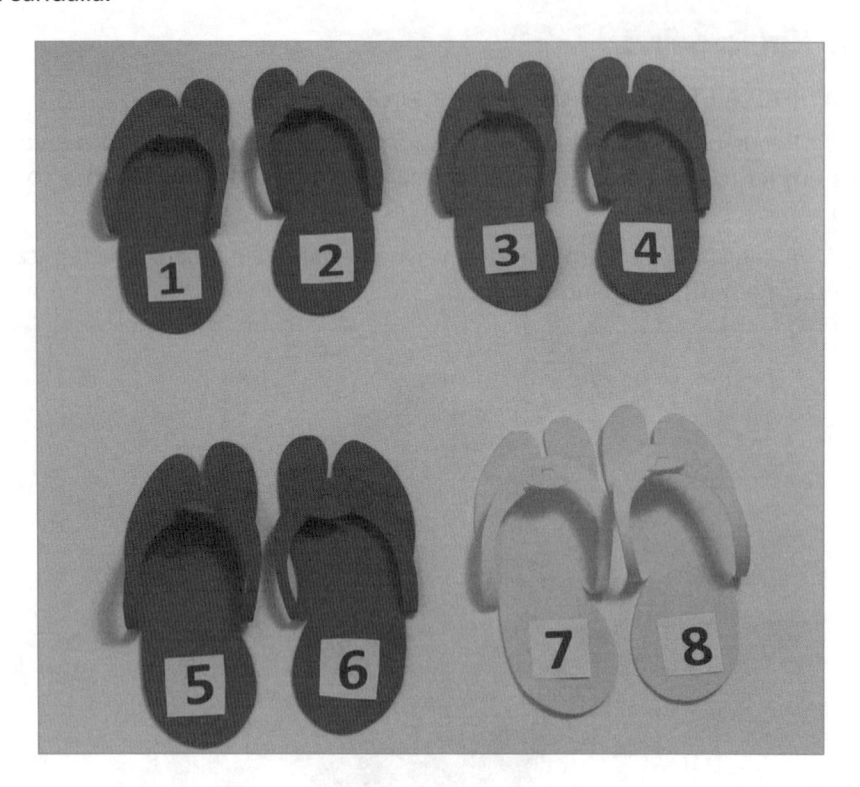

Como brincar?

O orientador escolherá 2 meninas e 2 meninos para calçar os 4 pares de sandálias que estarão expostos. Em cada sandália há uma tarefa a ser executada, como por exemplo: Recite o versículo de memorização do dia; conte uma parte da história; cite o motivo de oração do momento missionário; cante um louvor com a palavra Jesus.

9.5. Trabalho manual.

(FAIXA ETÁRIA 1: 4 A 7 ANOS):

Habilidade manual: pintura e colagem.

Materiais utilizados: cópia do desenho, cola branca, papel pedra, papel crepom verde e giz de cera.

A criança deverá pintar o desenho, colar pedacinhos de papel pedra nas rochas e pedacinhos de papel crepom verde na vegetação. Recorte o Moisés e a sarça e cole no local indicado. Quadro pronto.

2º Dia – Trabalho Manual

4 a 7 anos

Aluno (a): _____

Minha VIDA está nas mãos DE DEUS

Como fazer:
1. Pinte bem bonito as figuras
2. Cole papel picado verde na grama da cena.
3. Recorte com tesoura sem ponta, Moisés e a sarça e cole na cena.

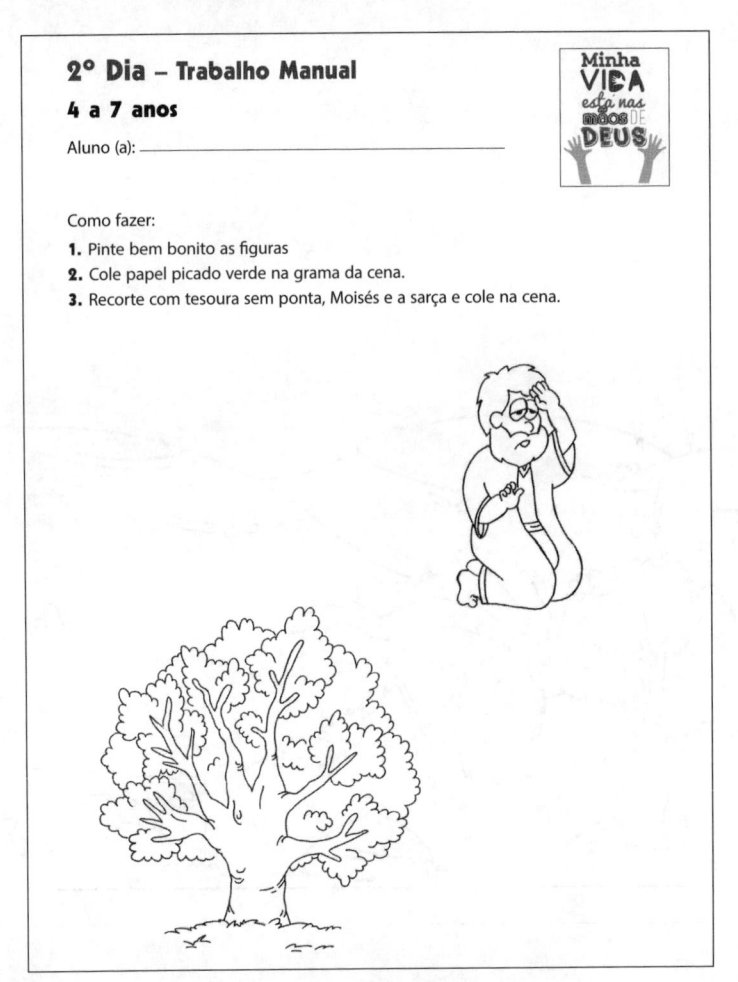

128 EBF e Colônia de Férias Criativas e Dinâmicas

(FAIXA ETÁRIA 2: 8 A 12 ANOS):

Habilidade manual: pintura e colagem.

Materiais utilizados: papel com a cópia do desenho, pedaços de papel celofane nas cores vermelho, laranja e amarelo, cola branca.

2º Dia – Trabalho Manual
8 a 12 anos

Aluno (a): _____

Minha VIDA está nas mãos DE DEUS

Como fazer:

1. Pinte bem bonito a sarça
2. Cole na sarça papel celofane vermelho, amarelo e laranja. Dará um efeito de que a sarça está pegando fogo.

2º Dia de Programação do Tema: Minha vida nas Mãos de Deus!

9.6. Dever de casa.

(FAIXA ETÁRIA 1: 4 A 7 ANOS):

2º Dia

Professor (a): _____
Aluno (a): _____
Classe: _____ Turno: _____

4 a 7 anos

Minha VIDA está nas mãos DE DEUS

O CHAMADO DE MOISÉS

Moisés foi salvo por um milagre, pois sua família decidiu confiar em Deus; Ele foi criado pela sua própria mãe e educado como príncipe. Um dia, quando Moisés já tinha 40 anos, viu um egípcio maltratando um escravo hebreu, e então matou o egípcio. Por isso precisou fugir para o deserto, onde ficou mais 40 anos cuidando de ovelhas. Deus tinha uma tarefa especial para Moisés, foi quando Deus falou com ele no meio de um arbusto que ardia em fogo. Moisés foi o escolhido para libertar o povo do Egito, ele decidiu fazer o que Deus havia mandado. Entregue suas decisões nas mãos de Deus, e Ele o ajudará a fazer Sua Vontade que é boa e perfeita.

1. Vamos ver se você prestou atenção na história? Faça um círculo na profissão de Moisés.

2. Agora capriche na pintura que mostra Deus falando com Moisés através do arbusto.

"Diga SIM, quando Deus o chamar"

(FAIXA ETÁRIA 2: 8 A 12 ANOS):

2º Dia

Professor (a): _____
Aluno (a): _____
Classe: _____ Turno: _____

8 a 12 anos

Minha VIDA está nas mãos DE DEUS

O CHAMADO DE MOISÉS

Moisés foi salvo por um milagre, pois sua família decidiu confiar em Deus; Ele foi criado pela sua própria mãe e educado como príncipe. Um dia, quando Moisés já tinha 40 anos, viu um egípcio maltratando um escravo hebreu, e então matou o egípcio. Por isso precisou fugir para o deserto, onde ficou mais 40 anos cuidando de ovelhas. Deus tinha uma tarefa especial para Moisés, foi quando Deus falou com ele no meio de um arbusto que ardia em fogo. Moisés foi o escolhido para libertar o povo do Egito, ele decidiu fazer o que Deus havia mandado. Entregue suas decisões nas mãos de Deus, e Ele o ajudará a fazer Sua Vontade que é boa e perfeita.

1. Será que você prestou atenção na história? Coloque **V** para a afirmativa **VERDADEIRA** e **F** para **FALSA**:

( ) Em certa ocasião, Moisés levou seu rebanho a um monte e viu um arbusto em chamas, mas que não consumia o arbusto.
( ) Moisés viveu durante 45 anos no deserto.
( ) Miriã era a mãe de Moisés e Joquebede era sua irmã.
( ) Moisés aceitou rapidamente o convite de Deus para falar com o povo.
( ) Moisés arrumou muitas desculpas para não falar com o povo.

2. Agora mostre que sabe desenhar. Imagine um arbusto pegando fogo e não se consumindo. Imaginou? Então desenhe ao lado de Moisés sua bela imaginação.

"Diga SIM, quando Deus o chamar"

10. Planejamento Didático-Pedagógico
3º Dia de Programação do Tema: Minha vida nas mãos de Deus!

10.1. Objetivo específico:

Levar a criança não salva a receber Jesus como seu único e suficiente Salvador. Levá-la a compreensão que Deus age da forma que Ele quer e tudo na hora que Ele quer, mesmo não entendendo. Fazer com que a criança acredite que quando decidimos confiar em Deus, Ele age a nosso favor da maneira Dele, que sempre é a melhor.

Subtema: Minha confiança nas mãos de Deus.

Base Bíblica: Êxodo 4:18-31; 5:1-23; 6:1-27; Provérbios 3:5-6.

Verdade Principal: Quando coloco minha vida nas mãos de Deus, Ele age da forma que quer.

Versículo de Memorização: "Lâmpada para os meus pés e a tua palavra, luz para os meus caminhos". Salmos 119:105

10.2. História bíblica.

"Moisés anuncia a Palavra de Deus".

Sugestão de recurso didático visual: A mala de Moisés. Mala feita em tecido grosso com detalhes feito em Eva e pintura feita em tinta dimensional. Dentro da mala vai algumas roupas e acessórios de Moisés para auxiliar a ministração.

Obs.: Sinalizamos durante o texto, através do símbolo ✷, o momento correto e a ordem de utilização do recurso visual sugestionado.

– Voltar para o Egito? Os israelitas não querem seguir você – e o Faraó quer matar você! Você tem certeza de que é isso o que Deus quer que você faça?

Essas podem ter sido as palavras de Zípora, a esposa de Moisés, depois que Moisés retornou de sua conversa com o Senhor. Ele deve ter-lhe contado do arbusto (sarça) que não se consumia no fogo e da ordem de Deus para levar os israelitas para fora do Egito. Deus disse que estaria com Moisés e o ajudaria nessa enorme tarefa. Será que Moisés poderia confiar em Deus, embora ele não compreendesse a maneira dEle agir?

O Senhor disse a Moisés o que ele deveria dizer a Faraó e Ele o assegurou novamente que seria seguro voltar para o Egito. Aqueles que estavam no Egito e que queriam vê-lo morto, já haviam morrido. Moisés pegou o bordão que Deus fez se tornar em serpente, e ele e sua família iniciaram a longa jornada.

Deus também falou com o irmão de Moisés, Arão, a quem Ele escolheu para falar com Faraó no lugar de Moisés. Ele disse para que Arão fosse para o deserto para se encontrar com Moisés. Arão obedeceu e, enquanto viajava, deve ter pensado em seu irmão mais moço. Provavelmente, eles não se viam havia quarenta anos.

Quando os irmãos se encontraram, eles devem ter se abraçado. Moisés contou a Arão o que Deus lhe disse para fazer. Os dois irmãos provavelmente conversaram todo o caminho de volta para o Egito.

Quando eles chegaram no Egito, reuniram todos os líderes israelitas. Os israelitas deviam estar curiosos para saber o que tinha acontecido com Moisés. O que será que eles podiam se lembrar sobre ele? Eles provavelmente imaginavam porque ele tinha voltado para o Egito.

Arão falou com os líderes no lugar de Moisés. Ele disse que Deus conhecia o sofrimento deles e que escolhera Moisés para libertá-los da escravidão.

Os líderes podem ter duvidado das palavras de Arão. Era difícil para eles acreditarem que Faraó permitiria que seus escravos partissem. Para provar que essas palavras eram verdadeiras, Moisés fez os milagres que Deus lhe dera para fazer (o bordão de Moisés transformando em serpente, a mão dele ficar com lepra quando a tirou de dentro da veste e a água do rio Nilo se tornar em sangue). Quando o povo viu esses milagres, a Bíblia diz que eles acreditaram e adoraram a Deus.

Mas quando Moisés teve de enfrentar Faraó, o coração dele deve ter disparado enquanto ele e Arão entravam no palácio e caminhavam na direção do trono, onde o poderoso rei do Egito estava sentado.

– Deus disse, 'deixe meu povo ir!' – disseram os dois corajosamente.

– Quem é o Senhor? – zombou Faraó. – Eu não conheço o Deus de vocês, então por que devo obedecê-lo? Não deixarei Israel partir.

Faraó falou a verdade – ele não conhecia o Deus vivo e verdadeiro.

Vocês conhecem o Deus vivo e verdadeiro? Ele é aquele que criou vocês e todas as coisas. Vocês são a criação especial de Deus e Ele os ama muito. A Bíblia diz: "Não em que nós tenhamos amado Deus, mas em que Ele nos amou e enviou o seu Filho com propiciação pelos nossos pecados." (1 João 4:10). Deus quer que, algum dia, você esteja com Ele no céu, mas os seus pecados o mantêm afastado Dele. O pecado é querer fazer tudo da sua própria maneira, em vez de fazê-las da maneira de Deus. A Bíblia diz que: "Nós andávamos desgarrados como ovelhas; cada um se desviava pelo caminho" (Isaías 53:6). É por essa razão que você faz coisas pecaminosas, tais como agir de forma egoísta ou falar palavrão. Deus é santo (puro) e Ele não pode ficar próximo de nada pecaminoso. Na verdade, a punição para o pecado é a separação de Deus para sempre, em lugar de trevas e sofrimento. Embora você mereça a punição pelos seus pecados, Deus ama você. Ele criou uma maneira para que o seu pecado fosse perdoado.

O Filho de Deus, o Senhor Jesus Cristo, veio do céu para a Terra. Ele viveu uma vida perfeita e nunca pecou como eu e você fazemos. Mas um dia Ele foi punido como um criminoso, embora Ele nunca tenha feito nada errado. Ele foi pregado em uma cruz, onde Ele voluntariamente sangrou e morreu por nossos pecados. A Bíblia diz: "Sem derramamento de sangue, não há remissão [perdão]" (Hebreus 9:22). Deus ofereceu o Senhor Jesus em nosso lugar para que pudéssemos ser perdoados. Se você O aceitar, Ele perdoará o seu pecado e você será feito filho de Deus. Ele é o Deus vivo e verdadeiro e quer que você O conheça.

Faraó não conhecia o Deus vivo e verdadeiro. Ele recusou-se a deixar o povo de Deus partir.

– Vocês não estão deixando o povo trabalhar! – declarou Faraó.

Moisés e Arão pleitearam a saída do povo, mas Faraó recusou.

Depois ele tornou a vida ainda mais difícil para os israelitas. Ele ordenou aos superintendentes, que tomavam conta dos escravos, que não fornecessem mais a palha para que fizessem os tijolos.

– Eles mesmos terão de recolher a palha – declarou a Faraó – e terão de fazer o mesmo número de tijolos. Eles são preguiçosos, então deixe que tenham mais trabalho para fazer!

Moisés e Arão devem ter ficado muito perturbados. Eles garantiram ao povo que Deus os libertaria, mas Faraó não só recusou como tornou o trabalho deles ainda mais difícil e pesado! Como os israelitas reagiriam quando ficassem sabendo da nova regra, ainda mais dura, de trabalho? Será que o povo era capaz de confiar em Deus mesmo nessa situação difícil?

Você é capaz de confiar em Deus em situações difíceis? Talvez a sua família tenha sofrido problemas e agora você está morando com uma madrasta ou padrasto, ou com irmãos adotivos, e você não entende por que razão tudo não volta a ser como era. Ou talvez, você orou a respeito de uma situação difícil na escola e parece que nada mudou. Quando você não compreende por que razão algumas coisas acontecem, você pode ser tentado a parar de confiar em Deus. Você pode pensar que Ele não está interessado em você ou em responder suas orações.

Se você já aceitou o Senhor como Salvador, confie em Deus mesmo quando você não compreende a maneira Dele agir. Deus não quer que você dependa do seu próprio entendimento. Em uma outra passagem, a Bíblia, a palavra de Deus, diz: Os meus pensamentos não são os vossos pensamentos, nem os vossos caminhos, os meus caminhos, diz o SENHOR" (Isaías 55:8). Os caminhos de Deus são sempre justos e o melhor! Você pode confiar Nele mesmo nas situações difíceis.

Moisés deve ter pensado se os israelitas iriam ou não confiar em Deus mesmo em situações difíceis.

Os superintendentes de Faraó disseram aos escravos que agora eles mesmos deveriam recolher a palha, mas que deveriam produzir o mesmo número de tijolos.

O povo apressou-se para recolher palha suficiente para o trabalho, mas como não foram capazes de produzir o mesmo número de tijolos, os líderes deles foram espancados cruelmente.

Frustrados, os líderes israelitas foram até Faraó e reclamaram a respeito desse tratamento injusto.

O Faraó ficou furioso. Ele deve ter gritado:

– Seus preguiçosos. Voltem já para o campo e façam o trabalho de vocês como eu ordenei!

Quando saíram do palácio, os líderes estavam bravos e desencorajados. Aí, eles viram Moisés e Arão parados ali perto.

– Isto é culpa de vocês! – gritaram eles. – Que Deus puna vocês dois por nossos problemas!

Por que nos culpam? – deve ter pensado Moisés. Ele confiara no Deus vivo e verdadeiro, que o guiara de volta ao Egito, para junto de nosso povo. Deus lhe dissera que ele seria o libertador deles e chamara Arão para ajudá-lo. Mas agora o povo não acreditava nisso. Eles não compreendiam o que estava acontecendo e se recusaram a confiar em Deus.

Se você aceitou o Senhor Jesus como Salvador, **confie em Deus mesmo quando não compreende a maneira Dele agir.** Mudanças difíceis de aceitar podem acontecer na sua vida. E, algumas vezes, você pode ter de esperar um longo tempo antes de ter a resposta de Deus para a sua oração. Então, como você pode confiar em Deus, quando não pode ver como Ele está trabalhando?

Primeiro você precisa lembrar que Deus cuida de você e que cumpre fielmente as suas promessas. Depois, você precisa lembrar que os caminhos de Deus não são os seus caminhos. Você não é capaz nem de imaginar como Ele está trabalhando. Suas dúvidas e medos vêm do inimigo satanás, que não quer que você confie em Deus. Lembre-se que Deus é Todo Poderoso e que Ele está no controle. Peça a Ele para lhe dar paciência para esperar enquanto Ele age para o seu bem. Deus o ama muito e quer o melhor para você. Ele é muito sábio e não cometerá enganos na sua vida. **Confie em Deus mesmo quando não compreende a maneira Dele agir!**

O povo de Israel não compreendeu o que estava acontecendo e eles se recusaram a confiar em Deus. Eles culparam Moisés e Arão pelos problemas deles.

Moisés clamou ao Senhor pelo povo.

– Por que este problema aconteceu com os israelitas? Desde que falei com Faraó, ele ficou ainda mais cruel com meu povo!

Deus respondeu a Moisés:

– Eu sou o Senhor seu Deus. Diga ao povo que Eu os tirarei do Egito. Eu os libertarei da escravidão. Eu cuidarei deles como meu próprio povo e os trarei para uma terra boa. Eles verão meu grande poder contra Faraó e saberão que Eu sou Deus.

Deus encorajou Moisés a confiar Nele!

Moisés contou ao povo o que Deus dissera, mas eles se recusaram a acreditar.

Moisés contou a Deus: "Meu povo não me escuta. Como poderei esperar que Faraó me escute?". Mas Deus continuou a incentivar Moisés e Arão a confiar Nele: "Vá e diga a Faraó para deixar meu povo sair do Egito, e depois vocês devem levá-los para fora da terra dos egípcios".

Moisés sabia que ele e Arão teriam de obedecer a Deus e voltar a falar com Faraó. Eles precisavam confiar em Deus, embora não compreendessem como Deus executaria o plano Dele.

Se você já aceitou o Senhor Jesus como Salvador, será que você confiaria em Deus, mesmo quando você não compreende a maneira Dele agir? Não importam as mudanças que aconteçam na sua vida ou quanto tempo você precisa esperar para Deus agir, lembre-se de que Ele é Deus! Ele cuida de você e trabalhará fielmente na sua vida. Peça a Deus para ajudá-lo a, pacientemente, confiar que Ele fará o melhor.

Talvez, você agora esteja pensando a respeito de uma situação em que precise confiar em Deus. Por que você não conta essa situação a Deus? Reconheça que Ele é Deus e peça a Ele para ajudar você a confiar nos caminhos Dele, e não no seu.

Mas se você não conhece o Senhor Jesus como Salvador, você precisa primeiro confiar que Ele o fará Seu filho. A Bíblia diz: "Mas, a todos quantos o receberam, deu-lhe o poder de serem feitos filhos de Deus, a saber, aos que creem no seu nome" João 1:12. Aceitá-lo significa concordar com Deus que você é pecador e acreditar que Jesus é o Filho de Deus, que morreu por nossos pecados e ressuscitou. Quando você confiar que apenas o Senhor Jesus pode salvá-lo do castigo de seus pecados, Deus o fará Seu filho. Ele lhe dará a vida Dele em seu interior, de forma que você possa viver para agradá-lo e, um dia, ir morar com Ele lá no Céu. Você quer aceitar o Senhor Jesus e se tornar filho de Deus hoje?

Por favor, inclinem suas cabeças e fechem seus olhos. Se você quiser aceitar o Senhor Jesus como seu Salvador, por favor, fique de pé. Se você está de pé, por favor, encontre-me, para que eu possa mostrar a você na Palavra de Deus como você pode se tornar filho do Senhor.

10.3. Memorização: versículo do dia.

> "Lâmpada para os meus pés é a tua Palavra
> e luz para os meus caminhos."
> (Salmos 119:105)

Fim de semana prolongado! As crianças saíram para acampar. O ônibus parou. Abriu a porta e todos saíram. Elas não viam o momento de chegar ao acampamento. Estavam ansiosos.

O Professor disse em alta voz: "Quero que vocês me sigam. Só eu conheço o caminho. Se me seguirem não irão se perder.

Assim como o professor era o guia das crianças até o acampamento, o versículo de hoje nos fala de alguém que pode nos guiar para não nos perder.

No livro de Salmos capítulo 119, versículo 105, está escrito (leia o versículo em voz alta para as crianças).

Lâmpada para os meus pés é a Tua Palavra – A Palavra de Deus ilumina sua vida. Ela não te deixa confuso. Ela aponta e mostra o caminho certo.

E luz para os meus caminhos – A Palavra de Deus te orienta nos momentos difíceis de sua vida. Ela tem resposta para suas perguntas sem deixar você errar. Mostra o caminho por onde você deve andar.

Sugestão de Recurso Visual para Memorização:

Figura de lâmpada, pés e Bíblia feito em E.V.A., a referência impressa com base em E.V.A. e uma lanterna.

Como utilizar: explique o que representa cada figura. Na figura da lâmpada, a criança deve falar: "Lâmpada para os meus". Na figura dos pés, a criança deve falar: "Pés". Na figura da Bíblia, a criança deverá falar: "É a tua Palavra". Quando balançar a lanterna a criança deverá falar: "Luz para os meus caminhos". Quando levantar a placa da referência a criança deverá falar a referência escrita.

Brinque tirando algumas figuras até que recitem todo o versículo.

10.4. Brincadeiras.

(FAIXA ETÁRIA 1: 4 A 7 ANOS): "O que aconteceu na história".

Recurso confeccionado em E.V.A. e feltro, detalhes com fita de cetim, tinta dimensional, giz de cera e caneta de retroprojetor.

Identificar e selecionar figuras que fazem parte da história bíblica do dia.

No painel – flanelógrafo a criança deverá colocar cinco figuras que fazem parte da história bíblica do dia, essas figuras estarão misturadas a outras figuras que não fazem relação com a história. As figuras ficarão todas misturadas dentro de um saco de TNT preto, assim, uma a uma as figuras deverão ser selecionadas pela criança e postas no painel, depois ela deverá contar o trecho da história que foi ilustrado pelas figuras escolhidas. Finalizando a exposição das figuras no painel e após contar a história, o orientador verificará a coerência entre as figuras escolhidas e a história contada, dizendo se está correto ou não.

(FAIXA ETÁRIA 2: 8 A 12 ANOS): "Organizando o quadro".

Recurso confeccionado com base em feltro com bolsões em plástico e acabamento em viés.

Como brincar?

Memorizar os cartões ilustrados e encontrar seus pares de acordo com o tema de história bíblica do dia.

Neste painel que lembra uma *sapateira*, haverá dentro de cada bolso uma figura. Cada figura é parte de um *par de figuras*, portanto a criança deverá virar uma figura e procurar seu par, repetindo o mesmo procedimento. Ganhará a criança que conseguir encontrar todos os pares do painel em menor tempo.

10.5. Trabalho manual.

(FAIXA ETÁRIA 1: 4 A 7 ANOS): Fantoche de palito.

Habilidade manual: pintura, recorte e diálogo trechos da história.

Materiais utilizados: cópia do fantoche, giz de cera, cola branca e 2 palitos de picolé para cada criança.

3º Dia – Trabalho Manual

4 a 7 anos

Aluno (a): _____

Minha VIDA está nas mãos DE DEUS

1. Pinte o rosto de Faraó e Moisés

2. Com a tesoura sem ponta, recorte as duas figuras.

3. Cole um palito de picolé em cada figura e conte aos seus amigos com o fantoche de palito sobre a confiança que tem em Deus e que Ele sempre está com você assim como esteve com Moisés.

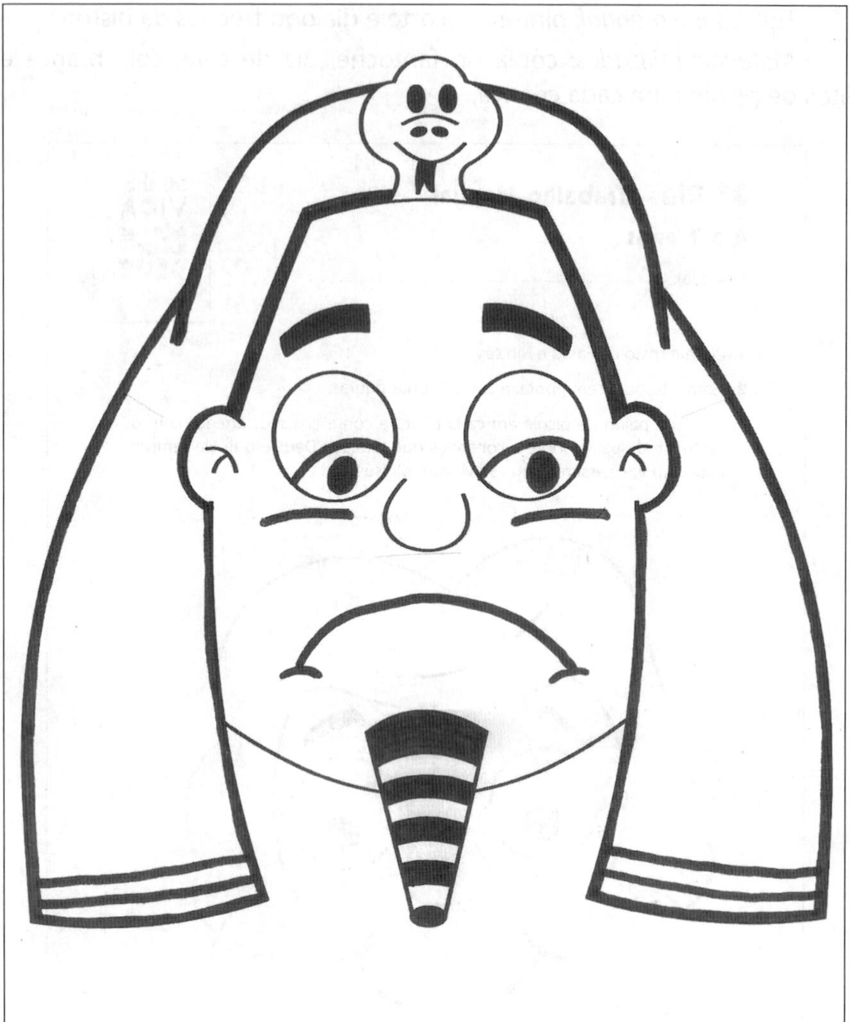

(FAIXA ETÁRIA 2: 8 A 12 ANOS): Dia do abraço e agradecimento.

Habilidade manual: recorte, dobradura, pintura e colagem.

Materiais utilizados: cópia do desenho, giz de cera, cola branca.

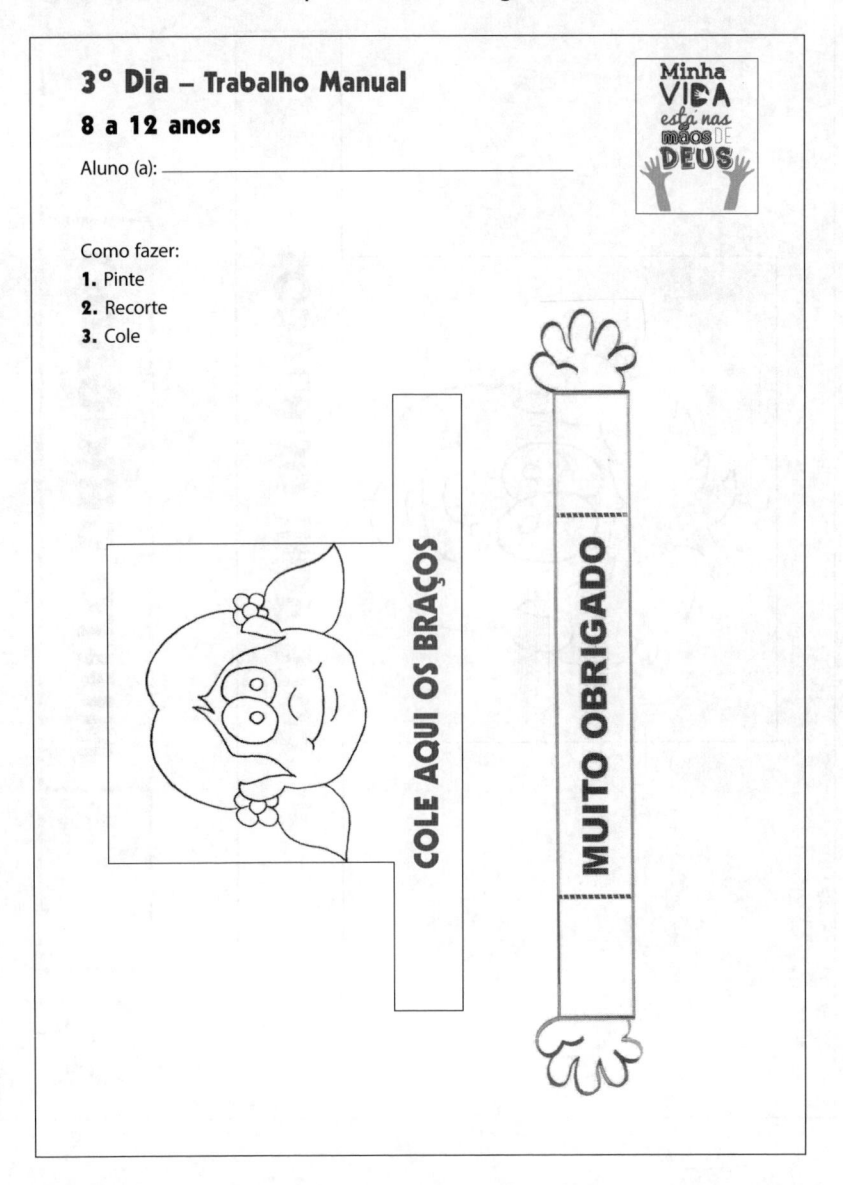

3º Dia – Trabalho Manual
8 a 12 anos

Aluno (a): _____

Minha VIDA está nas mãos DE DEUS

Como fazer:
1. Pinte
2. Recorte
3. Cole

COLE AQUI OS BRAÇOS

MUITO OBRIGADO

3º Dia de Programação do Tema: Minha vida nas Mãos de Deus!

COLE AQUI OS BRAÇOS

MUITO OBRIGADO

10.6. Dever de casa.

(FAIXA ETÁRIA 1: 4 A 7 ANOS):

3º Dia

Professor (a): _____
Aluno (a): _____
Classe: _____ Turno: _____

4 a 7 anos

Minha VIDA está nas mãos DE DEUS

MOISÉS ANUNCIA A PALAVRA DE DEUS

Deus mandou Moisés e Arão, seu irmão, falar com o rei do Egito para que ele deixasse o povo israelita ir ao deserto para adorá-LO. O rei ficou tão irritado que além de não deixar o povo sair, ainda o castigou com mais serviço. Moisés se entristeceu com o sofrimento do povo, mas ele confiava em Deus. Moisés foi falar com Deus, então Deus mandou falar o seguinte ao povo: ***"Eu sou o Deus Eterno. Vou livrá-los da escravidão do Egito. Estenderei o meu Braço Poderoso para fazer cair sobre os egípcios um castigo horrível, e salvarei vocês...".*** Moisés não sabia, mas Deus já estava cuidando de tudo. Seja como Moisés coloque sua confiança nas mãos de Deus, pois Deus está agindo a seu favor.

Na figura abaixo desenhe uma vara na mão de Moisés e depois pinte o desenho bem bonito.

MESMO NAS SITUAÇÕES MAIS DIFÍCEIS, VOCÊ NÃO PRECISA TER MEDO, CONFIE EM DEUS POIS ELE ESTÁ COM VOCÊ!

(FAIXA ETÁRIA 2: 8 A 12 ANOS):

3º Dia

Professor (a): _____
Aluno (a): _____
Classe: _____ Turno: _____

8 a 12 anos

Minha VIDA está nas mãos de DEUS

MOISÉS ANUNCIA A PALAVRA DE DEUS

Deus mandou Moisés e Arão, seu irmão, falar com o rei do Egito para que ele deixasse o povo israelita ir ao deserto para adorá-LO. O rei ficou tão irritado que além de não deixar o povo sair, ainda o castigou com mais serviço. Moisés se entristeceu com o sofrimento do povo, mas ele confiava em Deus. Moisés foi falar com Deus, então Deus mandou falar o seguinte ao povo: ***"Eu sou o Deus Eterno. Vou livrá-los da escravidão do Egito. Estenderei o meu Braço Poderoso para fazer cair sobre os egípcios um castigo horrível, e salvarei vocês..."***. Moisés não sabia, mas Deus já estava cuidando de tudo. Seja como Moisés coloque sua confiança nas mãos de Deus, pois Deus está agindo a seu favor.

1. Siga as instruções e descubra o nome do irmão de Moisés.

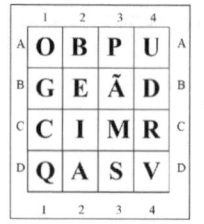

	1	2	3	4
A	O	B	P	U
B	G	E	Ã	D
C	C	I	M	R
D	Q	A	S	V

___ ___ ___ ___
D-2 C-4 B-3 A-1

2. Escreva o versículo que você memorizou hoje que está em Salmos 119:105.
_____
_____
_____

MESMO NAS SITUAÇÕES MAIS DIFÍCEIS, VOCÊ NÃO PRECISA TER MEDO, CONFIE EM DEUS POIS ELE ESTÁ COM VOCÊ!

EBF e Colônia de Férias Criativas e Dinâmicas

11.
Planejamento Didático-Pedagógico
4º Dia de Programação do Tema: Minha vida nas mãos de Deus!

11.1. Objetivo específico:

Fazer com que a criança reconheça que é pecadora e que seus pecados foram perdoados por Jesus na cruz. Levá-la a ter convicção que Deus não se agrada do pecado, mas nos ajuda a vencer o pecado nos livrando assim do castigo do pecado. Fazê-la ter o coração agradecido pelo Amor de Deus com seu povo. Pecado de Faraó – reconhecia o pecado mais continuava pecando.

Subtema: Meu coração nas mãos de Deus.

Base bíblica: Êxodo 6:28-30; 7:1-25; 8:-32; 9:1-35; 10:1-29; 11:1-10; 12:1-51.

Verdade Principal: Quando coloco minha vida nas mãos de Deus, Ele me limpa de todo pecado.

Versículo de Memorização: "... e o sangue de Jesus, seu filho, nos purifica de todo pecado". 1 João 1:7

11.2. História bíblica.

"Moisés e o poder de Deus".

Sugestão de recurso didático visual: bolsa base em feltro preto, estampado a face de Faraó na frente em E.V.A. Dentro da bolsa as 10 pragas visualizadas.

Obs.: Sinalizamos durante o texto, através do símbolo ✻, o momento correto e a ordem de utilização do recurso visual sugerido.

Suponha que alguém os avisou que algo terrível estava para acontecer, mas que se vocês seguissem algumas instruções, vocês estariam seguros. Vocês seriam cuidadosos para seguir essas instruções, não é mesmo?

A Bíblia conta como os israelitas foram avisados que algo terrível estava para acontecer. Se eles seguissem algumas instruções específicas, estariam seguros e até seriam libertos da escravidão. Será que eles seriam cuidadosos e seguiriam as instruções de Deus?

Em vez de confiar em Deus para libertá-los da escravidão, os israelitas culparam Moisés e Arão, quando Faraó aumentou muito o trabalho deles, porque estava com muita raiva. Deus disse novamente para Moisés que ele e Arão deveriam ir até o palácio de Faraó para dizer-lhe que libertasse o povo.

Moisés e Arão, confiando em Deus para ter coragem, entraram na sala do trono do poderoso Faraó e declararam: "O Deus todo poderoso de nossos antepassados diz: Deixe os israelitas sair do Egito".

Arão jogou seu bordão no chão, em frente do Faraó, e ele se tornou em serpente que rastejava pelo chão. Mas os homens de Faraó fizeram o mesmo, e os bordões deles também se rastejavam pelo chão.

Talvez, os homens de Faraó tenham zombado de Moisés e Arão. No entanto, para horror e surpresa deles, o bordão de Arão engoliu os bordões deles!

Deus estava demonstrando Seu poder, mas Faraó não se impressionou, pois os egípcios adoravam muitos deuses e ídolos falsos. Ele se recusou a deixar o povo israelita partir.

Enquanto Faraó e seus homens olhavam, Arão bateu nas águas do rio Nilo com seu bordão e disse: "Deus diz que você precisa libertar os israelitas". Como você se recusou a fazer isso, e você saberá que Ele é Deus quando vir a rio Nilo se tornar em sangue!".

Passou-se uma semana inteira, mas Faraó teimosamente recusava-se a ceder. Deus continuou a mandar uma série de pragas (problemas terríveis) para o Egito.

Depois que as águas se tornaram em sangue, Deus enviou uma praga de rãs, que cobriu a terra e invadiu as casas. Depois Deus enviou grande nuvens de piolhos que atormentaram as pessoas e os animais. Depois Deus enviou enxames de moscas que encheram o ar e as casas dos egípcios-até o palácio! Primeiro Faraó disse que deixaria ir os israelitas, mas depois ele mudou de ideia.

As pragas continuaram. Deus enviou uma doença terrível que afetou todos os animais dos egípcios. Muitos dos animais morreram. Como o Faraó ainda se recusava a deixar ir o povo, Deus enviou terríveis tumores que afetaram os egípcios e seus animais, Faraó, porém, não se deixou abalar pelo sofrimento de seu povo.

Depois Deus enviou uma terrível chuva de pedras com relâmpagos e trovões. A chuva de pedras destruiu as plantações e matou os animais egípcios. Será que Faraó mudaria de ideia agora? Não! Ele ainda se recusava a deixar ir o povo de Deus.

Então, Deus enviou os gafanhotos para cobrir toda a terra do Egito. Eles comeram todas as plantações que a chuva de pedras havia destruído.

Depois Deus enviou a nona praga. Moisés levantou sua mão na direção do céu e uma estranha escuridão, trevas densas, cobriu os egípcios. Só os israelitas tinham luz nas suas casas.

Primeiro, parecia que o Faraó estava pronto a ceder a Deus. Ele disse a Moisés que o povo poderia ir, mas que deveriam deixar os animais para trás. Moisés recusou essa oferta. Deus disse que Israel deveria ser libertado e que nada deveria ser deixado para trás. Mesmo depois, de nove pragas terríveis, Faraó não estava disposto a ceder a Deus. Ele, com muita raiva, ordenou a Moisés que saísse de sua presença e nunca mais voltasse

Moisés deu um aviso final ao rei teimoso:

– Por volta da meia-noite, todo primogênito [o filho mais velho] dos egípcios morrerá, até mesmo seu filho que está destinado a ser um rei um dia. Haverá grande tristeza. Essa será a praga mais terrível de todas, mas Israel estará a salvo.

Como Deus protegeria os primogênitos [os filhos mais velhos] de Israel? Ele deu as instruções para Moisés, que deveria segui-las cuidadosamente. Se não seguissem o plano de Deus, seriam punidos.

Deus diz que você merece ser punido por seus pecados também. Como todas as pessoas, você também nasceu com a inclinação para o pecado. A Bíblia diz: "Não há justo, nem um sequer" Romanos 3.10. Ninguém é bom o suficiente para agradar a Deus. Todos nós pecamos. O pecado é qualquer coisa que você pense, diga ou faz que seja contrária à lei de Deus. Talvez, em casa, você fique pensando em desobedecer às regras de seus pais. Quem sabe, você tenha tentado ser esperto e copiado a lição de casa de alguém. Talvez, você tenha visto na Internet o que não agrada a Deus. Tudo isso é pecado, porque elas quebram as leis de Deus. Deus diz que o castigo que você merece por seus pecados é ficar para sempre separado Dele em um lugar de sofrimento. A não ser que você siga o plano Dele, você será punido.

A não ser que os israelitas seguissem o plano de Deus, eles seriam punidos. Moisés ouviu atentamente as instruções de Deus. Cada família deveria pegar um cordeiro sadio. O animal deveria ser morto, e o sangue dele espalhado – do lado de fora e com um galho de um arbusto, o hissopo – em ambas as ombreiras e na verga das portas das casas dos israelitas.

Deus disse: "Quando eu vir o sangue eu passarei por cima de você e os protegerei da morte". Quando a morte atingir o primogênito de toda casa do Egito, os hebreus estarão a salvo na casa deles, pois estarão sob a proteção do sangue na porta. Deus os amava e queria salvá-lo.

Deus amava os israelitas e queria salvá-los. Ele disse a Moisés que o povo estaria a salvo sob a proteção do sangue nas portas.

Depois, Ele disse para que assassem o cordeiro e o comessem rapidamente. O povo deveria estar pronto para sair do Egito! Deus disse que essa noite era a Páscoa do Senhor e esse dia deveria ser lembrado para sempre.

Moisés explicou cuidadosamente as instruções de Deus aos israelitas, e eles fizeram tudo exatamente como Deus instruíra. Usando galhos de hissopo, colocaram sangue nas portas e depois foram para suas casas para esperar a hora da partida.

À meia-noite, o anjo de Deus passou por toda a terra do Egito. O primogênito de todas as famílias egípcias – inclusive a de Faraó – morreu exatamente como Deus dissera que aconteceria. Até mesmo os primogênitos de todos os animais morreram! Grande choro e lamentos podiam ser escutados durante a noite toda, à medida que a morte trazia tristeza e dor para cada casa dos egípcios.

As famílias dos hebreus estavam esperando, mas eles não tinham nada a temer. Deus prometera que eles estariam a salvo da morte pelo sangue de cordeiro.

Deus prometeu que você pode ser salvo da morte por intermédio do sangue do Cordeiro perfeito, o Senhor Jesus. Ele é o "Cordeiro de Deus, que tira o pecado do mundo!" João 1:29, pois Ele deu a vida para salvar você. Como parte do plano de Deus, Jesus, voluntariamente, sofreu, sangrou e morreu na cruz para sofrer o castigo pelos seus pecados. Os seus pecados o separam de Deus, mas o sangue de Jesus abriu o caminho para que você seja perdoado. Após morrer pelos seus pecados, Jesus foi sepultado e, três dias depois, ressuscitou. Ele pagou pelos seus pecados e hoje mora no céu. A única maneira para que você seja salvo da morte é por intermédio do sangue do Cordeiro perfeito, o Senhor Jesus.

Os israelitas só poderiam estar a salvo pelo sangue dos cordeiros. A Bíblia diz que quando Deus viu o sangue nas portas das casas, Ele passou sobre elas. Todas as casas dos hebreus que tinham o sangue do cordeiro estavam a salvo da praga da morte!

Ainda era noite quando Faraó chamou Moisés e Arão. O Faraó, com tristeza e pesar, gritou: "Vá! Abandone meu povo. Leve as crianças, os rebanhos e manadas e vá servir seu Deus como você queria. Vá embora!"

Os egípcios deram prata, ouro e roupas para os israelitas e pediram para que eles fossem embora logo, antes que mais pessoas e animais morressem.

Os israelitas não tiveram tempo nem para assar pão para a jornada – eles levaram a massa de pão com eles. Como eles estavam contentes por terem ficado livres da escravidão! Eles nunca esqueceriam essa noite e a celebrariam todos os anos para agradecer a Deus por tê-los libertado.

Se você já aceitou o Senhor Jesus como Salvador, **agradeça a Deus por livrar você do castigo pelos seus pecados**. Pense a respeito de tudo que Deus fez por você! Ele perdoou todos os seus pecados – todo pensamento, toda palavra e toda ação errada. Você estava longe de Deus, mas Ele o fez Seu filho e deu a vida Dele para que Ele habite no seu interior. Ele mudou você para que você possa viver de uma maneira que O agrade. Ele lhe deu a vida eterna, que durará para sempre, e que você, um dia, vai desfrutar no céu. Por que você não separa um tempo todos os dias desta semana para agradecer a Deus pela sua salvação? Ele fez o que ninguém mais poderia fazer – Ele livrou você do pecado e do castigo que merecia.

Deus fez por Israel o que ninguém mais poderia fazer – Ele os libertou da morte e da escravidão no Egito.

Você já aceitou Jesus para que Ele perdoe você? Você deve estar disposto a admitir que é pecador separado de Deus. Você também precisa crer (confiar totalmente) em Jesus, o Filho de Deus, que sangrou até a morte e depois ressuscitou para que você pudesse ser perdoado. A Bíblia diz: "Crê no Senhor Jesus e serás salvo, tu e tua casa" (Atos 16.31). Quando você crer (confiar totalmente) Nele, não ficará mais separado de Deus. Ele salvará você do castigo que merece para que, um dia, você possa estar com Ele lá no Céu. Ele mudará o seu interior para que você possa viver para Ele. Você está disposto abandonar o pecado, aceitando Jesus hoje?

Por favor, inclinem suas cabeças e fechem seus olhos. Se você quiser aceitar o Senhor Jesus como seu Salvador e ser salvo, por favor, demonstre isso olhando para mim (faça uma pausa e confirme as respostas). Se você olhou para mim, por favor, encontre-me (estabeleça o local e o horário), para que eu possa mostrar a você na Bíblia como você pode ser salvo.

11.3. Memorização: versículo do dia.

> "O Sangue de Jesus, o seu Filho,
> nos purifica de todo o pecado."
> (1 João 1:7)

Quem aqui sabe pra que serve isso (mostre uma caixa de sabão em pó)? Claro, para lavar roupa! Vocês já ouviram e viram as propagandas na televisão sobre o uso do sabão em pó. A propaganda diz que ele tira a sujeira mais difícil e até manchas das roupas. E depois de lavadas ficam limpinhas.

Muito bem! Isso me faz lembrar o versículo de hoje.

A Bíblia, a Palavra de Deus, no Novo Testamento, no livro de 1 João, capítulo 1 e versículo 7 diz assim (abra a Bíblia e leia o versículo).

Agora gostaria que vocês me ajudassem. Vamos ler juntos (mostre o visual e leia com as crianças.)

O Sangue de Jesus – Jesus, o Filho de Deus, morreu por nós na cruz. O Seu sangue foi derramado por mim e você.

Nos purifica de todo o pecado – O sangue de Jesus é o único que pode nos limpar de nossos pecados. O pecado nos separa de Deus. Purificar é limpar. O pecado é como sujeira difícil de ser tirada. Só o sangue de Jesus pode limpar o nosso coração e deixá-lo limpinho.

Você precisa pedir a Deus que perdoe os seus pecados. O pecado faz separação entre você e Deus. Hoje Ele quer perdoar seus pecados e fazer de você uma nova criança.

Você já recebeu a Jesus como seu Salvador, seus pecados já estão perdoados. Se você errar, ore a Deus, confesse seu pecado e Ele é fiel e justo para nos perdoar.

Sugestão de Recurso Visual para Memorização:

Uma cruz feita em E.V.A. e na parte horizontal da cruz por trás colocar uma lona com o escrito do versículo que deverá ser puxado conforme for ensinando.

Como usar: ao ler o versículo diretamente na Bíblia e logo após no visual, brinque com as crianças de a cada palavra do versículo bata com um pé, vai parecer uma marchinha. Fica bem bonitinho. Crie maneiras de se tornar divertido este momento de memorização de versículos.

11.4. Brincadeiras.

(FAIXA ETÁRIA 1: 4 A 7 ANOS): "Acerto no cesto".

Recurso confeccionado em E.V.A.: um cesto plástico e bolinhas plásticas coloridas, inclusive pretas.

Como brincar?

Ao iniciar esta brincadeira o orientador dará as seguintes instruções: Deverá ficar atrás da linha demarcada e acertar com a bolinha preta dentro do cesto que está o Faraó, somente poderá jogar bolinhas pretas, pois estas estarão simbolizando todo mal cometido pelo Faraó e o castigo que Deus deu ao povo egípcio através das dez pragas, a criança deverá retirar a sua bolinha de dentro de um saco que não seja transparente, para que não veja a cor da bolinha que está pegando, a criança só terá a chance de jogar a bolinha no cesto se esta for de cor preta, se for de outra cor deve passar sua vez para outro.

(FAIXA ETÁRIA 2: 8 A 12 ANOS): "Não esqueça!"

Recurso confeccionado com base em quadro de giz, contorno colorido em E.V.A.

Descrever ou ilustrar as dez pragas que o Egito sofreu.

Como brincar?

Nesta brincadeira o orientador deverá: escolher uma dupla de crianças, informar que esta dupla terá três minutos para ilustrar ou descrever em palavras chaves e frases curtas quais foram as dez pragas que o Egito sofreu. Ganhará a dupla que conseguir ilustrar a maioria das pragas com riqueza de detalhes.

11.5. Trabalho manual.

(FAIXA ETÁRIA 1: 4 A 7 ANOS):

4º Dia – Trabalho Manual

4 a 7 anos

Aluno (a): _____

1. Transfira o molde do corpo do sapinho e patas para o E.V.A. verde.
2. Recorte no E.V.A. os olhos em preto e branco, as bochechinhas em marrom ou rosado e os detalhes das patas em amarelo.
3. Faça a montagem como na foto em uma garrafa PET pequena verde.
4. Use a cola de contato ou cola quente com ajuda de um adulto. Está pronto o porta lápis.

(FAIXA ETÁRIA 2: 8 A 12 ANOS):

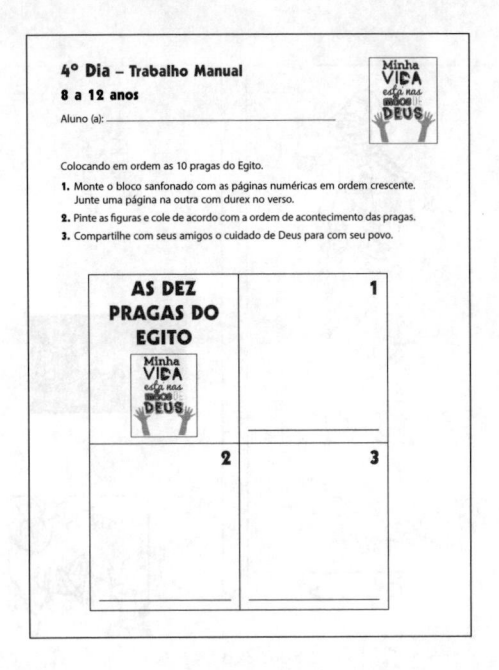

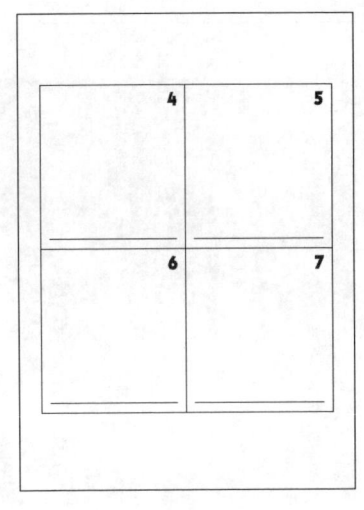

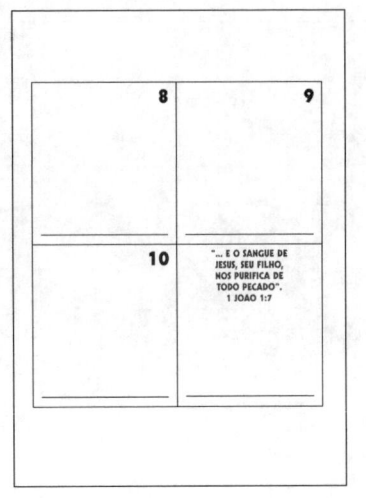

4º Dia – Trabalho Manual
8 a 12 anos
Aluno (a): _____

Minha VIDA está nas MÃOS DEUS

Colocando em ordem as 10 pragas do Egito.

1. Monte o bloco sanfonado com as páginas numéricas em ordem crescente. Junte uma página na outra com durex no verso.
2. Pinte as figuras e cole de acordo com a ordem de acontecimento das pragas.
3. Compartilhe com seus amigos o cuidado de Deus para com seu povo.

AS DEZ PRAGAS DO EGITO	1
2	3

4	5
6	7

8	9
10	"... E O SANGUE DE JESUS, SEU FILHO, NOS PURIFICA DE TODO PECADO". 1 JOÃO 1:7

EBF e Colônia de Férias Criativas e Dinâmicas

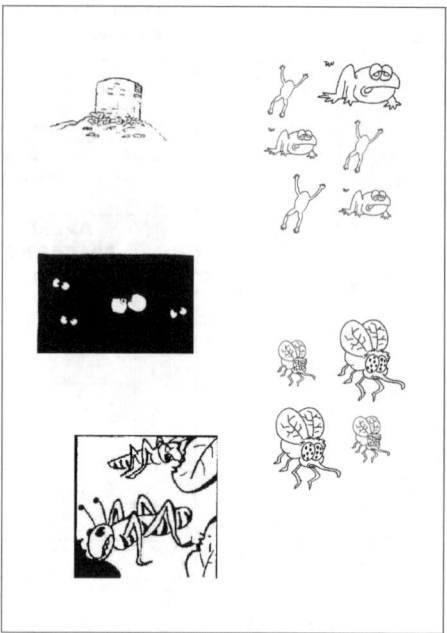

11.6. Dever de casa.

(FAIXA ETÁRIA 1: 4 A 7 ANOS):

4º Dia

Professor (a): _____
Aluno (a): _____
Classe: _____ Turno: _____

4 a 7 anos

Minha VIDA está nas mãos DE DEUS

MOISÉS E O PODER DE DEUS

Moisés e Arão várias vezes foram falar com o rei em nome de Deus, mas o rei, teimoso, não permitiu a saída dos israelitas. Deus mostrou o Seu Poder ao rei mandando 10 pragas, isto é, dez coisas muito ruins. Faraó estava com o coração duro, cheio de pecado. Deus não gosta do pecado, e quer que você tenha o coração limpo, por isso coloque seu coração nas mãos de Deus.

Rãs e Moscas foram 2 das pragas do Egito. Observe com atenção e descubra quantas rãs aparecem abaixo:

DEUS É SOBERANO. Ele usou até a teimosia de Faraó para mostrar Seu grande poder! **TUDO ESTÁ EM SUAS MÃOS!!!**

4º Dia de Programação do Tema: Minha vida nas Mãos de Deus!

(FAIXA ETÁRIA 2: 8 A 12 ANOS):

4° Dia

Professor (a): _____
Aluno (a): _____
Classe: _____ Turno: _____

8 a 12 anos

Minha VIDA está nas mãos DE DEUS

MOISÉS E O PODER DE DEUS

Moisés e Arão várias vezes foram falar com o rei em nome de Deus, mas o rei, teimoso, não permitiu a saída dos israelitas. Deus mostrou o Seu Poder ao rei mandando 10 pragas, isto é, dez coisas muito ruins. Faraó estava com o coração duro, cheio de pecado. Deus não gosta do pecado, e quer que você tenha o coração limpo, por isso coloque seu coração nas mãos de Deus.

1. Enumere as pragas que Deus mandou para castigar os egípcios, seguindo a ordem em que aconteceram.

DEUS É SOBERANO. Ele usou até a teimosia de Faraó para mostrar Seu grande poder! **TUDO ESTÁ EM SUAS MÃOS!!!**

12.
Planejamento Didático-Pedagógico
5º Dia de Programação do Tema: Minha vida nas mãos de Deus!

12.1. Objetivo específico.

Que a criança não salva reconheça o Amor de Deus e o receba. Mostrar a criança a Soberania de Deus por Ele estar no controle de todas as coisas. Fazê-la entender que Deus controla nossas vidas e quer que o sigamos, basta colocarmos nossas vidas em Suas mãos, e Ele cuidará de tudo.

Subtema: Meu futuro nas mãos de Deus.

Base Bíblica: Êxodo 13 a 20

Verdade Principal: Quando coloco minha vida nas mãos de Deus, Ele cuida de tudo.

Versículo de Memorização: "Sabemos que todas as coisas cooperam para o bem daqueles que amam a Deus". Romanos 8:28

12.2. História bíblica.

"A provisão de Deus".

Sugestão de Recurso Didático Visual: coluna de fogo feita em Eva, para ser encaixado no braço, para uso no teatro. Nuvem que guiava o povo durante o dia, feito em Eva e no verso em feltro base branca para fixar os pães e codornizes.

Obs.: Sinalizamos durante o texto, através do símbolo *, o momento correto e a ordem de utilização do recurso visual sugestionado.

– Vocês já escutaram as novidades? O Faraó nos libertou! Apressem-se! Arrumem as malas e fiquem prontos para partir!

Essa boa notícia deve ter se espalhado pelas milhares de famílias israelitas que sairiam do Egito. Os egípcios deram a eles prata, ouro e roupas e pediram para que saíssem o mais rápido possível. Os israelitas tiveram de orar e esperar por muito tempo para que Deus os libertasse. Agora a hora havia chegado! Muitos israelitas devem ter pensado que deixariam seus problemas para trás, no Egito, mas as tribulações deles apenas começaram!

A longa noite de Páscoa, a da décima e última praga, trouxe vitória para os israelitas, levando Faraó e libertá-los. Agora eles poderiam ir e reivindicar a terra que Deus prometera lhes dar.

No escuro, com Moisés e Arão liderando o caminho para a grande multidão de mais de dois milhões de pessoas, os israelitas iniciaram a jornada para sair do Egito. Será que vocês conseguem imaginar o que significa tentar liderar mais de dois milhões de pessoas com todos seus animais e pertences?

Na hora do alvorecer, o povo, cansado, finalmente parou para descansar e assar pão com a massa que, na noite anterior, fora colocado às pressas na bagagem. Depois, a jornada deles continuou até que chegassem a Etã, à beira do deserto, onde acamparam. No dia seguinte, cruzariam a fronteira do Egito!

Quando amanheceu, eles notaram que uma nuvem estranha começou a mover-se à frente deles no Céu. Deus estava com eles naquela nuvem que iria guiá-los! O dia todo eles seguiram o movimento da nuvem.

À noite, a nuvem transformou-se em uma coluna de fogo que iluminava o caminho deles! Eles podiam viajar de dia, ou de noite, para sair do Egito. Como deve ter sido reconfortante saber que Deus estava com eles. Além de guiar, a nuvem durante o dia protegia do sol quente e à noite, além de iluminar, ela mantinha o povo aquecido.

Deus não guiou os israelitas diretamente para a terra que Ele prometera lhes dar. Em vez disso Ele os guiou através do deserto para o sul, pois não queria que eles atravessassem os territórios inimigos. À frente, viram apenas a areia do deserto, as montanhas e, à distância, as águas do mar Vermelho.

Deus disse a Moisés para que as pessoas acampassem próximo do mar. Depois, Ele deu as más notícias a Moisés.

– O coração de Faraó se voltara contra os israelitas. Ele reuniu o exército e foi atrás deles para trazê-los de volta o Egito.

O coração de Faraó, devido ao pecado, estava contra Israel e o Deus deles.

O seu coração, devido ao pecado, também está contra Deus. O pecado é qualquer coisa que você pensa, diz ou faz que vá contra as leis de Deus. Você, provavelmente, pode lembrar-se de algo que pensou, disse ou fez que é pecado. Você escolheu fazer essas coisas, porque nasceu com a inclinação para o pecado. A Bíblia diz: "Mas as vossas iniquidades [pecados] fazem separação entre vós e o vosso Deus" (Isaías 59.2). Ficar separado de Deus é a punição para o pecado. Um dia, você estará separado Dele para sempre, a não ser que o seu pecado seja perdoado.

E como o seu pecado pode ser perdoado? Deus, que é santo e puro, tem um plano! O amor de Deus por você é puro e perfeito. Ele enviou Seu Filho, o Senhor Jesus Cristo, para sangrar e morrer na cruz para nos salvar de nossos pecados e da punição que merecemos. Deus puniu Seu próprio Filho, que é perfeito, em nosso lugar. A Bíblia diz que Jesus nos ama "e, pelo seu sangue, nos libertou dos nossos pecados" (Apocalipse 1.5). Após Jesus morrer, Ele foi enterrado, mas ressuscitou três dias depois. Hoje Ele está vivo. Vocês sabem onde Ele mora? (No céu). Só Jesus pode tirar o pecado que faz com que você tenha o coração contra Deus.

O coração de Faraó, devido ao pecado, estava contra Israel e o Deus deles. Deus disse a Moisés que Faraó viria antes dos israelitas para trazê-los de volta para o Egito.

Logo Faraó e seu exército vieram atrás dos israelitas, exatamente como Deus dissera. Talvez os israelitas tenham escutado o barulho distante dos carros e o estrondo dos cascos dos cavalos. Eles olharam para trás e, para horror deles, viram o exército de Faraó no encalço deles.

Com o inimigo de um lado e o Mar Vermelho do outro, eles estavam cercados! Essa parecia uma situação desesperadora, sem qualquer esperança de fuga. Por que eles ficaram nessa situação tão apavorante? Será que Deus não sabia o que estava acontecendo? O povo, mais que depressa, culpou Moisés.

– Você nos trouxe até aqui para morrermos no deserto? Você deveria ter nos deixado no Egito – disseram eles.

Os israelitas, devido ao medo e à reclamação, esqueceram-se de algo muito importante – Deus estava no controle da vida deles!

Se você já aceitou Jesus como Salvador, **lembre-se de que Deus está no controle da sua vida**. Algumas vezes, pode até parecer que algo está fora de controle. Talvez, onde você mora seja uma região assolada por desastres naturais, tais como enchentes ou seca, que destroem cidades inteiras. Algumas vezes, as pessoas que amamos ficam doentes e morrem. Às vezes, os pais podem perder o emprego, e as famílias, a casa. Onde Deus está quando tais fatos acontecem?

A Bíblia ensina que Deus é Soberano. Ele governa tudo e "faz todas as coisas conforme o conselho da sua vontade" (Efésios 1.11). Ele permite que algumas dificuldades aconteçam na sua vida e faz com que elas se ajustem ao plano Dele. Nada acontece a você se Deus, em Sua sabedoria, não permitir. Você nem sempre pode compreender por que razão algumas coisas acontecem. No entanto, você pode ter certeza de que **Deus está no controle da sua vida**.

Os israelitas, devido ao medo e à reclamação, esqueceram-se de que Deus estava no controle! Eles entraram em pânico e culparam Moisés pelos problemas deles.

Mas Moisés não entrou em pânico. Ele encorajou o povo a confiar em Deus e no plano Dele para eles.

– Não temam! – declarou Moisés. – Vejam como Deus salvará vocês hoje! Os egípcios serão destruídos, e vocês nem terão de se proteger. Deus lutará esta batalha por vocês!

Deus disse a Moisés como Ele prepararia uma maneira para que escapassem. A seguir, a nuvem, que estivera à frente dos israelitas, ficou para atrás deles bloqueando a passagem dos egípcios.

A nuvem fez com que a escuridão caísse sobre os egípcios, mas ela iluminava o caminho dos israelitas. Durante a noite toda, a nuvem da presença de Deus protegeu Israel de seu inimigo.

Se os israelitas estavam duvidando de que Deus estava no controle, o fato que aconteceu a seguir, de maneira mais que surpreendente, provou o contrário a eles. Segurando o bordão, Moisés estendeu a Mão sobre o mar. Enquanto o povo olhava surpreso e perplexo, Deus fez com que o vento soprasse e empurrasse a água para os dois lados, dividindo-a. O solo seco apareceu diante deles, formando um caminho através do mar.

Deus abrirá um caminho de fuga! Até mesmo as ondas do mar estão sob o controle de Deus!

Se você já aceitou Jesus como Salvador, **lembre-se de que Deus está no controle de sua vida**. Ele controla toda a natureza e tudo na sua vida, mas Ele só permitirá que aconteça aquilo que é o melhor para você. Você pode não compreender por que razão algumas coisas acontecem, ou como elas o afetaram, mas você pode confiar que Deus está executando o plano Dele.

Nosso versículo para memorização diz, (recitem Romanos 8:28 juntos). Quando tudo parece fora de controle, e você tiver a tentação de entrar em pânico, não faça isso! Em vez de entrar em pânico, lembre-se de que Deus é Soberano – Ele está no comando de tudo. Agradeça a Ele por estar no controle. Peça a Ele para te ajudar a confiar e a esperar pacientemente para que Ele cuide de tudo e no tempo Dele. Mesmo que Deus nunca mostre a você por que razão algumas coisas acontecem de uma determinada maneira, você ainda assim pode confiar no controle amoroso do Senhor.

Os israelitas viram que até mesmo as ondas do mar estavam sob o controle de Deus!

A enorme multidão foi para a beira do mar e pisou em solo seco, seguindo o caminho que Deus abrira para eles. Como deve ter sido emocionante andar através do mar com a água amontoada dos dois lados, como se fosse um muro!

Os egípcios viram os israelitas escapando através do mar e, então, eles se apressaram em sua perseguição. Eles guiaram corajosamente os carros que usavam na perseguição no caminho seco através do mar. Mas Deus fez com que os egípcios ficassem confusos, e as rodas dos carros ficaram presas no solo macio e úmido.

– Vamos voltar e tentar escapar dos israelitas – gritaram eles. – O Senhor está lutando essa batalha por eles!

Os egípcios perceberam que não poderiam vencer uma batalha contra o Deus vivo e verdadeiro.

Moisés estendeu seu bordão mais uma vez sobre o mar, levando as ondas a arrebentar e cair sobre os egípcios. Não demorou muito para que os muros de água caíssem. Os egípcios, os cavalos e os carros deles, ficaram debaixo da água, e todos morreram afogados.

Os israelitas não conseguiam ver que Deus tinha total controle da situação!

Eles viram Deus lutar por eles para protegê-los e, agora, estavam a salvo do outro lado do mar Vermelho. A Bíblia diz que eles temeram a Deus e acreditaram Nele e em Moisés, o líder deles.

Moisés e os israelitas celebraram cantando e dançando. Eles louvaram a Deus por Seu poder soberano e pelo controle que Ele tinha sobre a vida deles.

Se você já aceitou o Senhor Jesus como Salvador, lembre-se de que Deus está no controle da sua vida. Não interessa o quão difícil pareça a situação que tem de enfrentar, Deus sabe tudo sobre ela e permitirá que aconteça o que está no plano Dele para a sua vida. Lembra do nosso versículo para memorização? Agradeça a Deus por Ele estar no controle de sua vida e peça a Ele para te ajudar a confiar e a esperar pacientemente para que Ele cuide de tudo e no tempo Dele.

12.3. Memorização: versículo do dia.

> "Sabemos que todas as coisas cooperam para o bem daqueles que amam a Deus."
> (Romanos 8:28)

Semana passada uma amiga quase morreu. É que ladrões entraram no local onde ela trabalha. Eles entraram sem ninguém ver. Roubaram e ao sair, eles não viram a minha amiga. Foram embora e não fizeram mal nenhum a ela. Graças a Deus ela escapou sem nenhum arranhão.

O nosso versículo de hoje fala desse escape que Deus deu a minha amiga.

No livro de Romanos, que fica no Novo testamento, a segunda parte da Bíblia, no capítulo 8 e versículo 28, diz assim, vou ler pra vocês (leia diretamente na Bíblia).

Prestaram atenção? Para ficar gravado na mente de vocês, eu trouxe o versículo escrito bem grande. Vamos ler.

Deus sempre está no controle das situações da vida daqueles que o amam. Deus guarda e sempre dá escape nas horas difíceis de nossa vida. Quando estamos com medo, doentes, tristes, em situações de perigo, Deus está sempre ao nosso lado. E podemos contar sempre com Ele.

Você que ainda não recebeu a Jesus como Salvador tem a oportunidade de fazer hoje. Jesus o ama. Ele quer que você conte com Ele em todos os momentos de sua vida.

Jesus está com você sempre. Confia nele. Em todos os momentos de sua vida pode contar com Ele.

Sugestão de Recurso Visual para Memorização:

Uma Bíblia feita em E.V.A., com carinha, braços e pernas, o escrito de dentro impresso em lona.

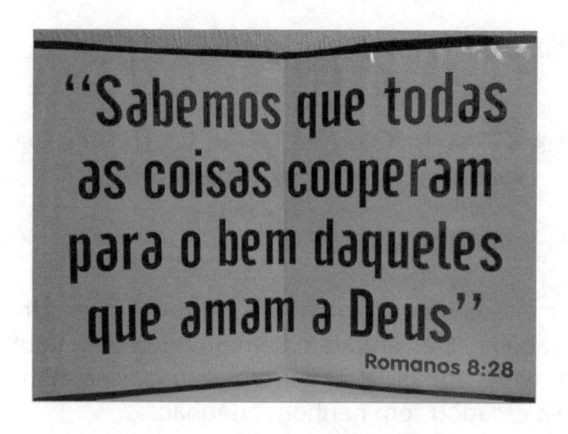

"Sabemos que todas as coisas cooperam para o bem daqueles que amam a Deus"
Romanos 8:28

Como utilizar?

O professor ensina abrindo a Bíblia em E.V.A. e fazendo a leitura junto com as crianças. Poderá pedir a ajuda de 2 crianças ou auxiliares para segurar a Bíblia.

12.4. Brincadeiras.

(FAIXA ETÁRIA 1: 4 A 7 ANOS): "Jogue o dado".

Recurso confeccionado em cubo de isopor coberto de feltro e figuras relacionadas a lição do dia ou resumo de todas as histórias.

Como brincar?

O orientador deverá escolher 3 meninos e 3 meninas para lançar o dado. A criança que lançar o dado deverá falar sobre a figura de acordo com a lição do dia e vida de Moisés. Todos terão oportunidade para lançar o dado e responder. Vencerá o grupo que tiver mais acertos.

(FAIXA ETÁRIA 2: 8 A 12 ANOS): "Vamos ajudar Moisés!"

Recurso confeccionado em E.V.A. Base em azul e mar se abrindo na lateral, povo atravessando na borda inferior, Moisés no topo do painel. Conchinhas com uma letra em cada uma.

Como brincar?

A criança deverá descobrir e ordenar a frase escrita através das letras desenhadas em cada conchinha e peixe.

Nesta brincadeira o orientador irá solicitar que uma dupla de crianças ordene a frase secreta, descrita através das letras que estão estampadas nos peixes em determinado tempo. A dupla que conseguir chegar próximo da resposta em menor tempo será a dupla vencedora.

Obs.: A frase é *MINHA VIDA NAS MÃOS DE DEUS*.

12.5. Trabalho manual.

(FAIXA ETÁRIA 1: 4 A 7 ANOS): "Cartão abertura do mar".

Habilidade manual: Recorte, colagem, montagem e pintura.

Materiais utilizados: Cópia do desenho, lápis de cor, cola branca, tesoura e color set azul em 2 tons.

5º Dia – Trabalho Manual

4 a 12 anos

Aluno (a): _____

Minha VIDA está nas mãos de DEUS

Monte o cartão de Moisés abrindo o mar

1. Faça um colorido em Moisés

2. Recorte as ondas do mar em papel azul. Duas ondas de cada molde.

3. Veja como fica o cartão montado.

"SABEMOS QUE TODAS AS COISAS COOPERAM PARA O BEM DAQUELES QUE AMAM A DEUS". ROMANOS 8:28

"SABEMOS QUE TODAS AS COISAS COOPERAM PARA O BEM DAQUELES QUE AMAM A DEUS".
ROMANOS 8:28

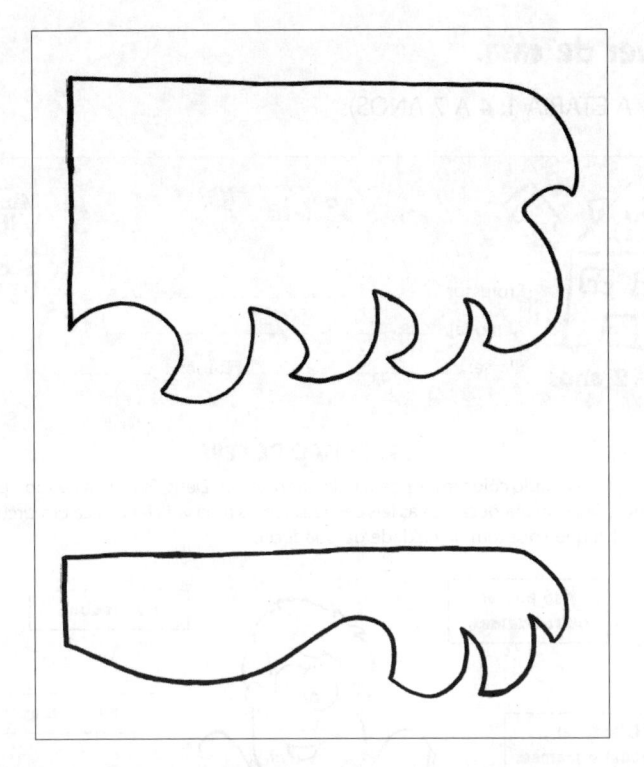

5º Dia de Programação do Tema: Minha vida nas Mãos de Deus!

12.6. Dever de casa.

(FAIXA ETÁRIA 1: 4 A 7 ANOS):

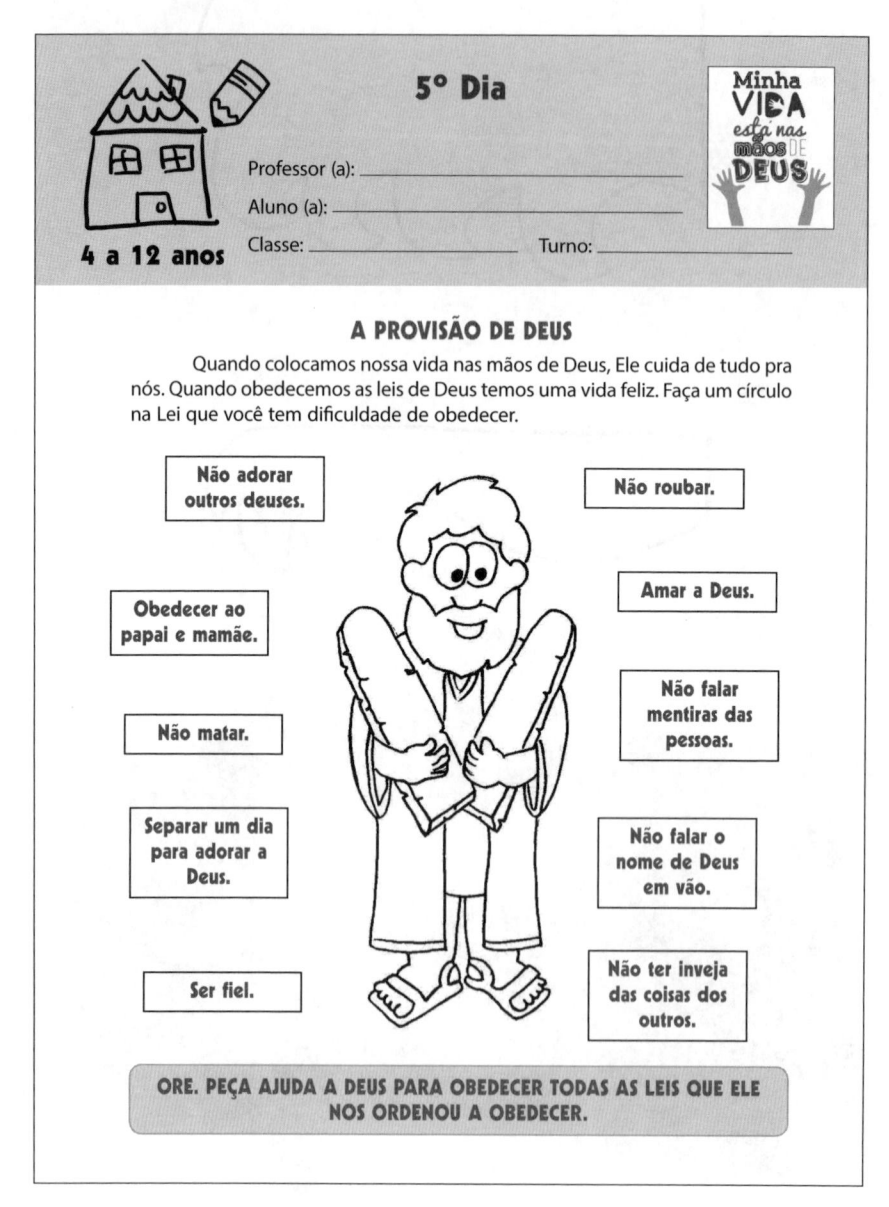

5º Dia

4 a 12 anos

Professor (a): _____
Aluno (a): _____
Classe: _____ Turno: _____

Minha VIDA está nas mãos DE DEUS

A PROVISÃO DE DEUS

Quando colocamos nossa vida nas mãos de Deus, Ele cuida de tudo pra nós. Quando obedecemos as leis de Deus temos uma vida feliz. Faça um círculo na Lei que você tem dificuldade de obedecer.

- Não adorar outros deuses.
- Não roubar.
- Obedecer ao papai e mamãe.
- Amar a Deus.
- Não matar.
- Não falar mentiras das pessoas.
- Separar um dia para adorar a Deus.
- Não falar o nome de Deus em vão.
- Ser fiel.
- Não ter inveja das coisas dos outros.

ORE. PEÇA AJUDA A DEUS PARA OBEDECER TODAS AS LEIS QUE ELE NOS ORDENOU A OBEDECER.

13.
Espaço missionário nas EBF's.

HORINHA MISSIONÁRIA NA EBF

TEXTO: "IDE POR TODO O MUNDO E PREGAI O EVANGELHO A TODA CRIATURA" Mc 16:15

Objetivo: Mostrar a relação existente entre os mandamentos e as promessas de Deus. Quando Ele nos manda IR pregar o Evangelho, promete ir adiante de nós, nos ordena ORAR, promete responder as nossas orações, ao mandar que venhamos a CONTRIBUIR para a Sua obra, promete ainda retornar a nós em medida sacudida e transbordante.

Objetivo Específico: Ao fim da EBF a criança deverá ter aprendido que:

1. Evangelizar é um mandamento.
2. Existem três formas de cumprir o "IDE".

IR: Incentivá-la a pregar as boas novas de Salvação para família, parentes, vizinhos e amigos da escola.

ORAR: Ensinar as crianças a orar pela obra missionária e pelos missionários no Brasil e no exterior.

DAR: Treinar as crianças a ofertar para missões nos cultos locais.

Tempo do momento missionário: 15 a 20 min.

Sugestões:

- A igreja poderá escolher um missionário para adotá-lo em oração e enviando e-mail para saber mais sobre o trabalho realizado na comunidade.
- Escolhendo o missionário saberá o estado ou região em que fica, poderá fazer bandeiras ou vestir uma criança com roupas típicas do local.
- Confeccionar bandeiras para esse momento e distribuir para as crianças.
- Fazer um trenzinho grande de papelão onde poderá caber algumas

crianças para passearem no meio das crianças cantando um louvor missionário.
- Separar um cantinho onde identifique o momento missionário, ou até mesmo uma bandeira do estado.
- Escolher um adolescente para se vestir de correio onde trará na hora missionária o e-mail que será lido para as crianças.
- Incentivar as crianças a escreverem suas cartinhas e que poderá ser colocadas em uma caixa missionária para depois passar por e-mail.
- Se possível no último dia, convidar esse casal a estarem presente ou via internet e deixar uma mensagem.
- Poderá escolher uma história para contar por parte a cada dia, ou, contar o testemunho do casal escolhido para orar.
- A pessoa escolhida do momento missionário deverá ser dinâmica e descontraída com visão missionária.
- Escolher um louvor fácil para esse momento.
- Confeccionar uma caixa de pedidos de oração, onde as crianças trarão os seus pedidos.
- Convidar o grupo de teatro para encenar em um dos dias o – IDE, DAI e ORAI.

Sugestões de histórias:

– O Samuelito – Comprando crianças para Cristo – Nilda da Argentina – A moeda missionária

Madugo – O sorvete missionário – TI-FAM

14.
Bibliografia

Sites consultados:

www.cpad.com.br
www.editoracristaevangelica.com.br
http://revistaescola.abril.com.br/home/
http://www.icp.com.br/index.asp
http://www.gobiblia.com.br/
www.apec.com.br
http://revistaeducacao.uol.com.br/
http://blog.orolix.com.br/blog/brincandoeducando/
www.sbb.com.br

Revistas consultadas:

O Evangelista de Crianças, Editora APEC, Ano 51 – nº. 201. Out-Nov-Dez/2005.

Educação Infantil, O guia da professora, Editora Ediba, nº 20,21,19,23.

Nova Escola, Editora Abril,nº 17, Ano 2007.

Livros:

Ferreira,Ladeira Idalina e Caldas,Souza P. Sarah. Atividades na Pré-escola São Paulo, Saraiva, 1999.

Fritzen,Silvino José. Jogos Dirigidos. Petrópolis, Vozes, 1981.

Salas, Rosa O. Ozana. Fazendo Arte na Escola. Uberlândia, Sala Viva, 2001.

Finzetto, Ângela. Passatempos infantis multieducativos, histórias da Bíblia. Editora Todo Livro. Fiano, Sullivan Kim: compilado por

Grande Livro do Artesanato Bíblico. São Paulo, Cultura Cristã, 2003. Souza,

Viviene Morais de. Coleção para Berçário, volume 2: Quem é Deus? – São Paulo, APEC – Aliança Pró Evangelização das crianças, 2006.

Borja, Helenita. Células Bíblicas Infantis. São Paulo, Hagnos, 2004.

Cinquenta e dois jogos que ensinam a Bíblia. Título original em inglês: 52 games that teach the Bible. San Diego, EUA, Rainbow Books, 2002.

Kramer, Sônia. Com a Pré-escola nas mãos. São Paulo, Ática, 2007.

MÉTODOS CRIATIVOS DE ENSINO. AUTORA: Marlene Le Fever. Editora: CPAD

Vencendo os inimigos da escola dominical (Lécio Dornas) Editora: Hagnos

52 maneiras de ensinar a criança a evangelizar (Barbara Hibschman) – Editora: Shedd Publicações

Educação cristã: Reflexões e prática (Telma Bueno) Editora CPAD

Bíblia de recursos para o ministério com criancas. – Editora Hagnos

15.
Anexos

1º Dia

4 a 7 anos

Professor (a): _____

Aluno (a): _____

Classe: _____ Turno: _____

VALEU A PENA **JESUS** MORRER POR MIM

HISTÓRIA BÍBLICA – O CÉU

Hoje aprendemos que o céu é um lindo lugar e que podemos um dia ir morar com Jesus lá. Para isso é necessário que você reconheça que é pecador e que peça perdão pelos seus pecados e creia que Jesus pode te salvar, só assim terá a vida eterna.

Cole barbante na linha e leve as crianças até Jesus, que é o único caminho que nos leva ao céu. Pinte bem bonito.

Porque Deus amou ao mundo de tal maneira que deu seu filho único, para que todo o que nele crê não pereça, mas tenha a vida eterna.
(João 3:16)

1º Dia

VALEU A PENA JESUS MORRER POR MIM

Professor (a): _____

Aluno (a): _____

Classe: _____ Turno: _____

8 a 12 anos

HISTÓRIA BÍBLICA – O CÉU

Hoje aprendemos que o céu é um lindo lugar e que podemos um dia ir morar com Jesus lá. Para isso é necessário que você reconheça que é pecador e que peça perdão pelos seus pecados e creia que Jesus pode te salvar, só assim terá a vida eterna.

Decifre o código e descubra o plano de Deus para você e todas as pessoas do mundo.

Porque Deus _____ (♥) o _____ (🌍)

de tal maneira que _____ (🎁) seu _____ (manjedoura)

único para que todo aquele que nele _____ (✝)

não pereça, mas tenha a _____ (menino) eterna.

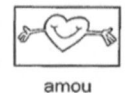

JOÃO 3.16

| amou | mundo | deu | filho | crê | vida |

1º Dia – Trabalho Manual

VALEU A PENA JESUS MORRER POR MIM

Professor (a): _____

Aluno (a): _____

Classe: _____ Turno: _____

4 a 7 anos

1. PINTE AS FIGURAS DA TIRINHA
2. CUBRA UM ROLO DE PAPEL COM PAPEL COLORIDO E FAÇA UM CORTE PARA A TIRA PASSAR POR ELE, COMO NA FIGURA AO LADO.

1º Dia – Trabalho Manual

VALEU A PENA JESUS MORRER POR MIM

Professor (a): _____

Aluno (a): _____

Classe: _____ Turno: _____

8 a 12 anos

1. PINTE AS FIGURAS DA TIRINHA E RECORTE.
2. COLE AS FIGURAS NUMA TIRA DE FITA DE CETIM OU TNT DEIXANDO UM ESPAÇO ENTRE ELES.
3. FAÇA UM FURO NO FUNDO DE UM COPO DESCARTÁVEL E NA TAMPA.
4. PASSE A FITA COM AS FIGURAS E DÊ UM NÓ COMO NA IMAGEM AO LADO.

JOÃO
3:16

Cacaio

Cacaio

Cacaio

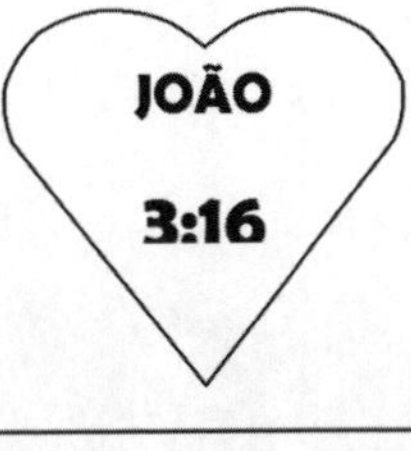
JOÃO
3:16

JOÃO
3:16

Cacaio

Cacaio

Cacaio

JOÃO
3:16

2º Dia

Professor (a): _____
Aluno (a): _____
Classe: _____ Turno: _____

4 a 7 anos

VALEU A PENA JESUS MORRER POR MIM

HISTÓRIA BÍBLICA – O PECADO

Hoje aprendemos sobre o pecado. Pecado é tudo aquilo que fazemos, pensamos e falamos que não agrada a Deus. O pecado nos separa de Deus, pois Deus é Santo. No céu não entra o pecado, por isso devemos sempre pedir perdão a Deus pelos nossos pecados, para irmos morar com Ele, pois Ele é fiel e justo para nos perdoar.

AJUDE ADÃO ENCONTRAR EVA. CUBRA O PONTILHADO NO CAMINHO PARA ELE NÃO ERRAR. DEPOIS PINTE BEM BONITO.

POIS TODOS PECARAM E CARECEM DA GLÓRIA DE DEUS.
Romanos 3:23

2º Dia

VALEU A PENA JESUS MORRER POR MIM

Professor (a): _____

Aluno (a): _____

Classe: _____ Turno: _____

a 12 anos

HISTÓRIA BÍBLICA – O PECADO

Hoje aprendemos sobre o pecado. Pecado é tudo aquilo que fazemos, pensamos e falamos que não agrada a Deus. O pecado nos separa de Deus, pois Deus é Santo. No céu não entra o pecado, por isso devemos sempre pedir perdão a Deus pelos nossos pecados, para irmos morar com Ele, pois Ele é fiel e justo para nos perdoar.

COM SEU LÁPIS, LIGUE A PALAVRA COM A RESPOSTA CERTA:

1. Adão ......primeira mulher

2. Cobra ......criador de todas as coisas

3. Eva ......enganou Eva

4. Deus ......primeiro homem

5. Éden ......eles comeram

6. Fruto Proibido ......desculpar e esquecer a desobediência

7. Pecado ......jardim perfeito

8. Perdão ......desobediência / mentir

POIS TODOS PECARAM E CARECEM DA GLÓRIA DE DEUS. Romanos 3:23

2º Dia – Trabalho Manual
4 a 7 anos

Aluno (a): _____

VALEU A PENA
JESUS
MORRER POR MIM

EBF 2016

Faça um lindo quadro com a figura ao lado.

1. Pinte bem colorido a linda criação de Deus.
2. Cole numa folha colorida como base e coloque um pedaço de barbante ou fita para pendurar.
3. Desenhe Adão e Eva e coloque no centro da figura.

2º Dia – Trabalho Manual
8 a 12 anos

Aluno (a): _____

VALEU A PENA JESUS MORRER POR MIM

Monte o cenário

3º Dia

4 a 7 anos

VALEU A PENA **JESUS** MORRER POR MIM

Professor (a): _____
Aluno (a): _____
Classe: _____ Turno: _____

HISTÓRIA BÍBLICA – JESUS CRISTO

Na história de hoje aprendemos que Jesus nos amou tanto que morreu na cruz por nós. Ele deu sua vida para pagar pelos pecados de todo mundo. Ele não ficou morto na cruz, mas ao terceiro dia ressuscitou e agora está no céu preparando um lugar pra mim e pra você.

CUBRA OS PONTINHOS COM COLA COLORIDA E DESCUBRA QUEM NOS DÁ A SALVAÇÃO. PINTE BEM BONITO.

Jesus

"Cristo morreu pelos nossos pecados, segundo as escrituras, foi sepultado e ressuscitou."
1 Coríntios 15:3-4

3º Dia

8 a 12 anos

Professor (a): _____
Aluno (a): _____
Classe: _____ Turno: _____

VALEU A PENA JESUS MORRER POR MIM

HISTÓRIA BÍBLICA – JESUS CRISTO

Na história de hoje aprendemos que Jesus nos amou tanto que morreu na cruz por nós. Ele deu sua vida para pagar pelos pecados de todo mundo. Ele não ficou morto na cruz, mas ao terceiro dia ressuscitou e agora está no céu preparando um lugar pra mim e pra você.

PINTE OS ESPAÇOS QUE TÊM UM PONTO E DESCOBRIRÁ ALGO IMPORTANTE SOBRE A VIDA DE JESUS.

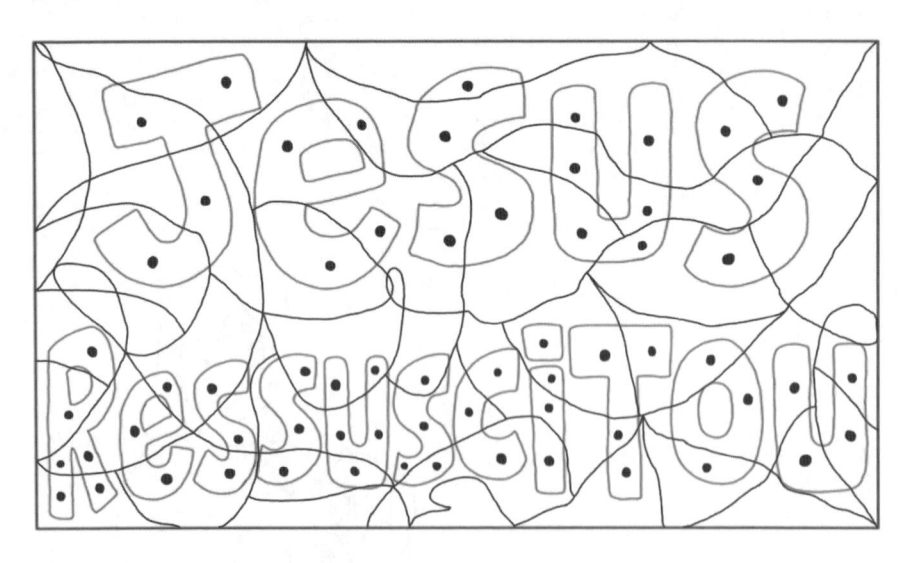

ESCREVA O VERSÍCULO DE HOJE:

_____
_____

3º Dia – Trabalho Manual
4 a 7 anos

Aluno (a): _____

VALEU A PENA JESUS MORRER POR MIM

MONTE A CENA:
1. PINTE A CENA
2. RECORTE A PEDRA QUE FECHA O TÚMULO EM PAPEL PEDRA.
3. COLE PAPEL CREPON VERDE PICADO NA BASE DA CENA
4. COLOQUE BAILARINA PARA ANEXAR A PEDRA AO TÚMULO.
5. RECORTE E COLE O ANJO DENTRO DO TÚMULO.

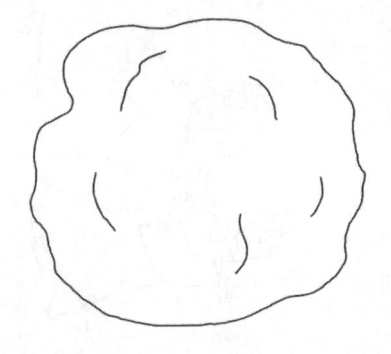

ELE NÃO ESTÁ AQUI!!! RESSUSCITOU!!!

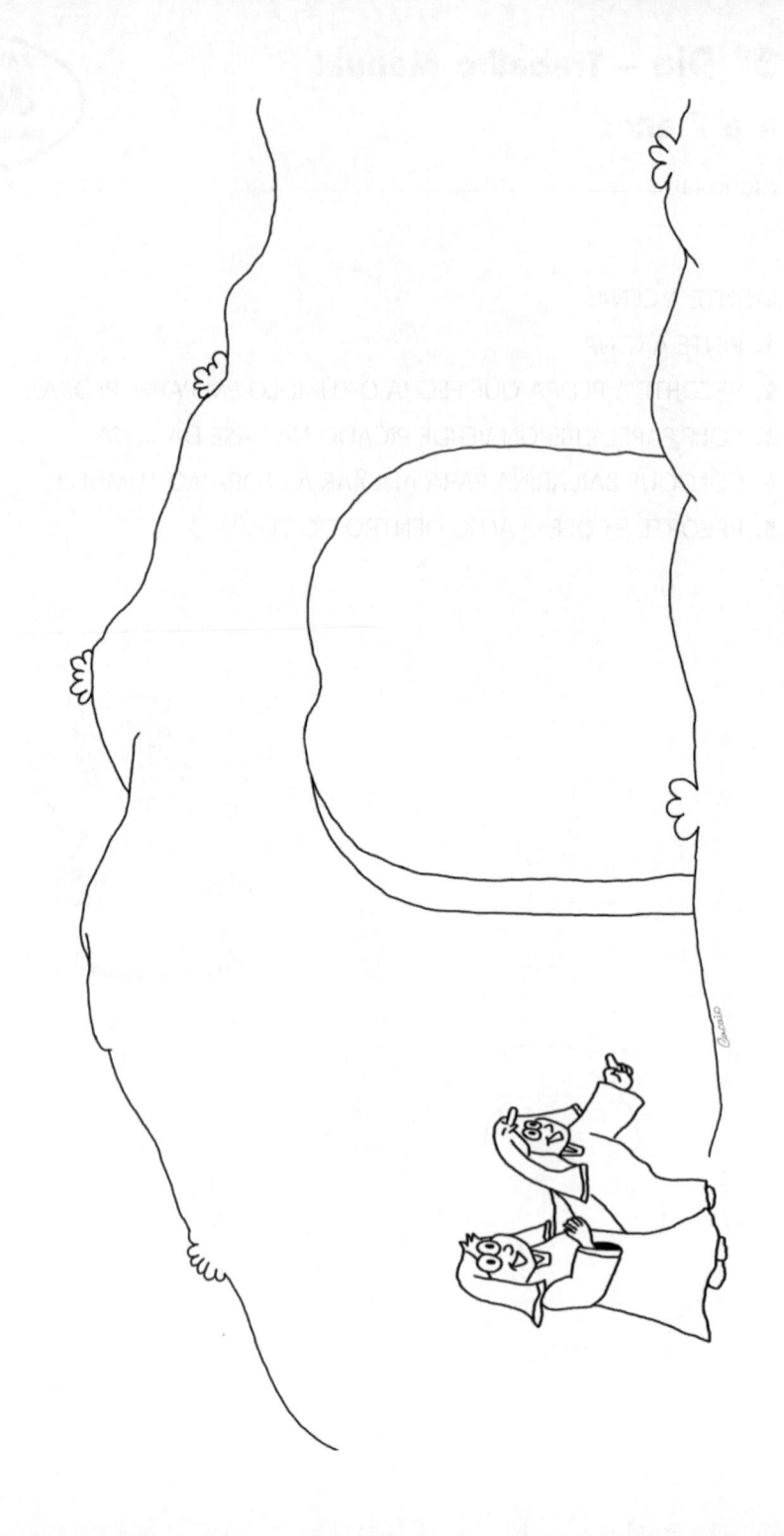

3º Dia – Trabalho Manual
8 a 12 anos

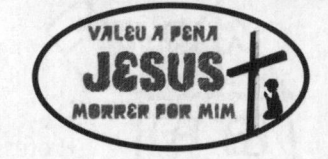

Aluno (a): _____

1. Pinte bem bonito os desenhos

2. Recorte as duas figuras com tesoura sem ponta.

3. Faça um furo no centro do círculo e na outra figura também.

4. Coloque uma bailarina juntando as duas partes.

5. Girando a figura você compartilha com seus amigos sobre Jesus.

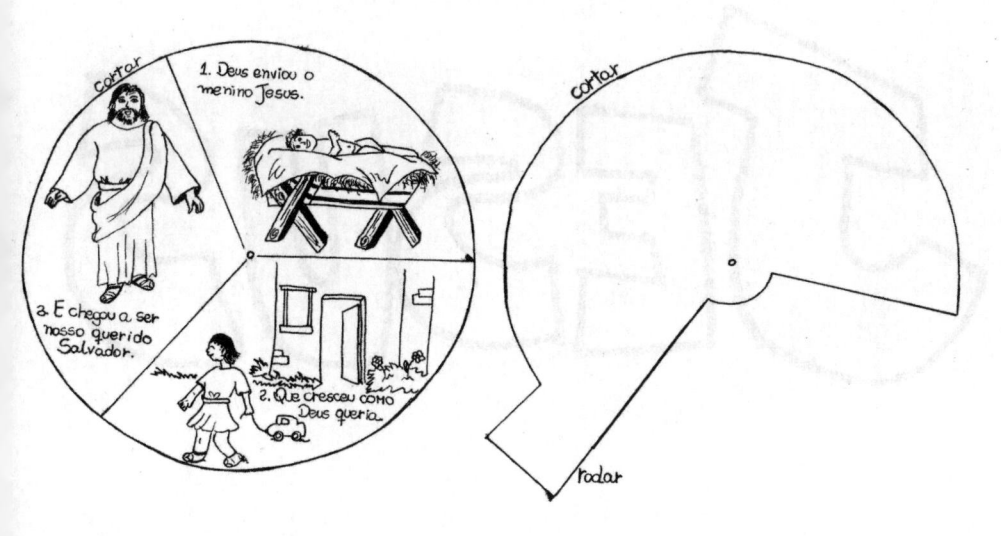

4º Dia

Professor (a): _____

Aluno (a): _____

Classe: _____ Turno: _____

4 a 7 anos

VALEU A PENA JESUS MORRER POR MIM

HISTÓRIA BÍBLICA – EU O RECEBO

Deus tem um presente pra você! O Senhor Jesus Cristo, o Filho de Deus, morreu na cruz para que você pudesse receber esse presente, a Salvação. Receba o Senhor Jesus hoje ainda e creia que esse presente maravilhoso é para você.

FAÇA BOLINHAS DE PAPEL CREPON VERMELHO E COLE DENTRO DO NOME JESUS.

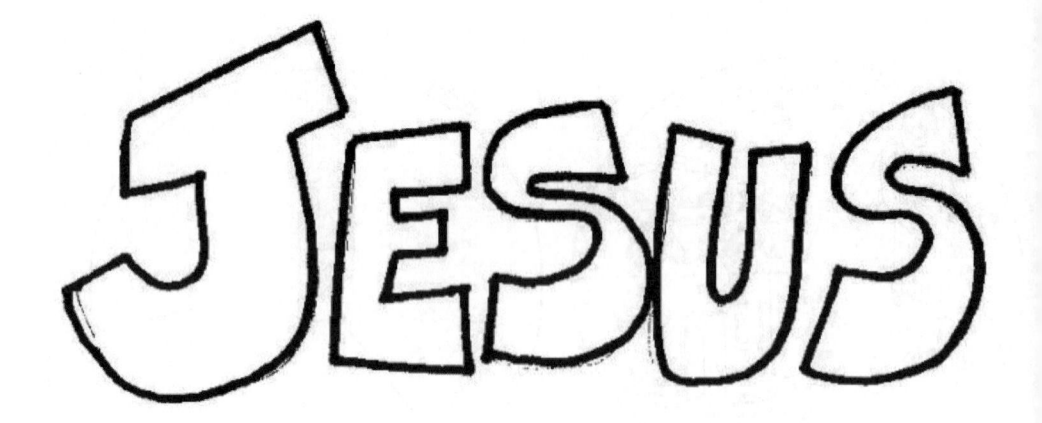

"Mas a todos quantos o receberam deu-lhes o direito de se tornarem Filhos de Deus." João 1:12

4º Dia

VALEU A PENA JESUS MORRER POR MIM

Professor (a): _____

Aluno (a): _____

Classe: _____ Turno: _____

3 a 12 anos

HISTÓRIA BÍBLICA – EU O RECEBO

Deus tem um presente pra você! O Senhor Jesus Cristo, o Filho de Deus, morreu na cruz para que você pudesse receber esse presente, a Salvação. Receba o Senhor Jesus hoje ainda e creia que esse presente maravilhoso é para você.

1. A cor amarelo (dourado) lembra o quê?
_____

2. O que não pode entrar no céu?
_____

3. Fale sobre a cor vermelha.
_____
_____
_____

4. Escreva um pedido de oração por você.
_____
_____
_____
_____

"Mas a todos quantos o receberam deu-lhes o direito de se tornarem Filhos de Deus." João 1:12

4º Dia – Trabalho Manual
4 a 7 anos

Aluno (a): _____

Como montar:

1. Pinte o desenho bem bonito.
2. Recorte o retângulo de Jesus com os braços abertos.
3. Recorte as linhas horizontais da outra parte e transpasse o retângulo de modo que Jesus suba e desça na cena.

VALEU A PENA JESUS MORRER POR MIM

4º Dia – Trabalho Manual
8 a 12 anos

Aluno (a): _____

VALEU A PENA JESUS MORRER POR MIM

SALVAÇÃO

JOÃO 1:12

"MAS A TODOS QUANTOS O RECEBERAM DEU-LHES O DIREITO DE SE TORNAREM FILHOS DE DEUS."

JESUS

5º Dia

VALEU A PENA JESUS MORRER POR MIM

4 a 12 anos

Professor (a): _____
Aluno (a): _____
Classe: _____ Turno: _____

Faça o desenho de sua mão direita no centro da folha.

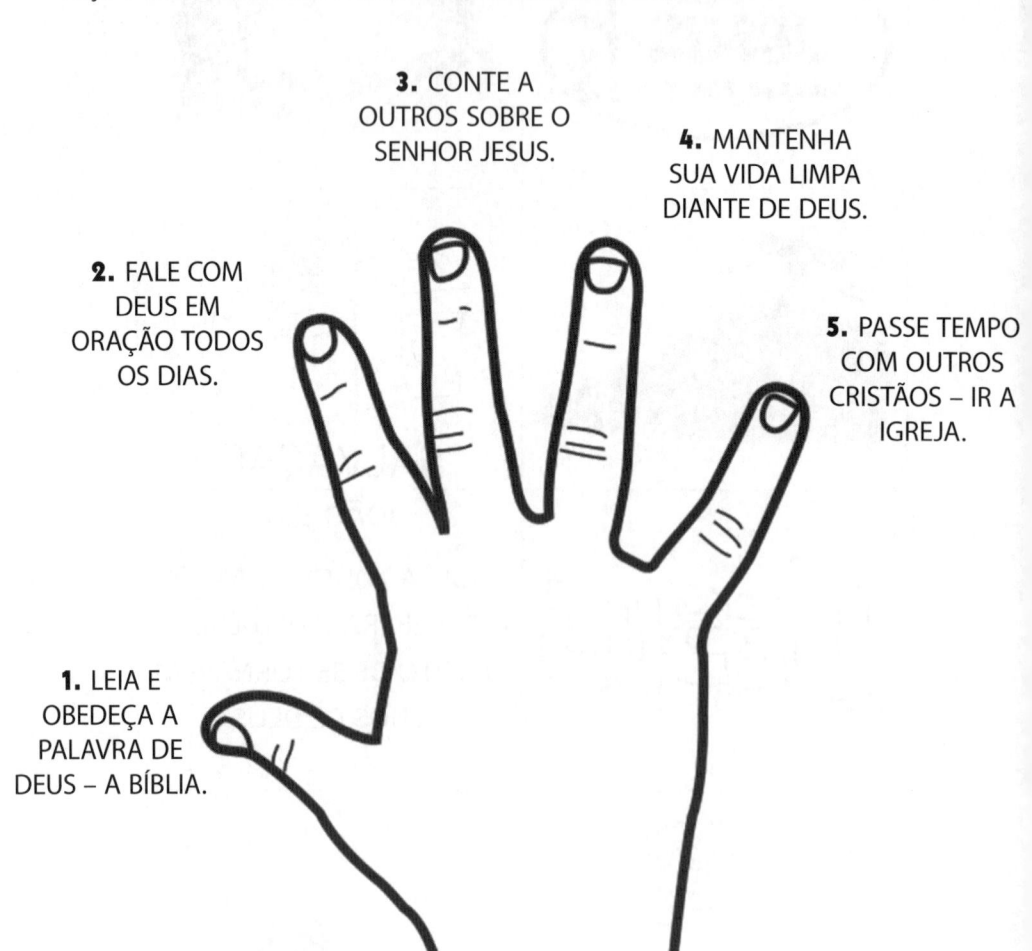

3. CONTE A OUTROS SOBRE O SENHOR JESUS.

4. MANTENHA SUA VIDA LIMPA DIANTE DE DEUS.

2. FALE COM DEUS EM ORAÇÃO TODOS OS DIAS.

5. PASSE TEMPO COM OUTROS CRISTÃOS – IR A IGREJA.

1. LEIA E OBEDEÇA A PALAVRA DE DEUS – A BÍBLIA.

5º Dia – Trabalho Manual
4 a 7 anos

Aluno (a): _____

VALEU A PENA JESUS MORRER POR MIM

1. PINTE BEM LINDO AS FIGURAS
2. RECORTE O RETÂNGULO DO CADERNO DO MENINO.
3. DOBRE CADA PÁGINA DO CADERNO E COLE A PRIMEIRA E A ÚLTIMA NA BASE.
4. LEMBRE SEMPRE DOS 4 PASSOS PARA CRESCER EM CRISTO.

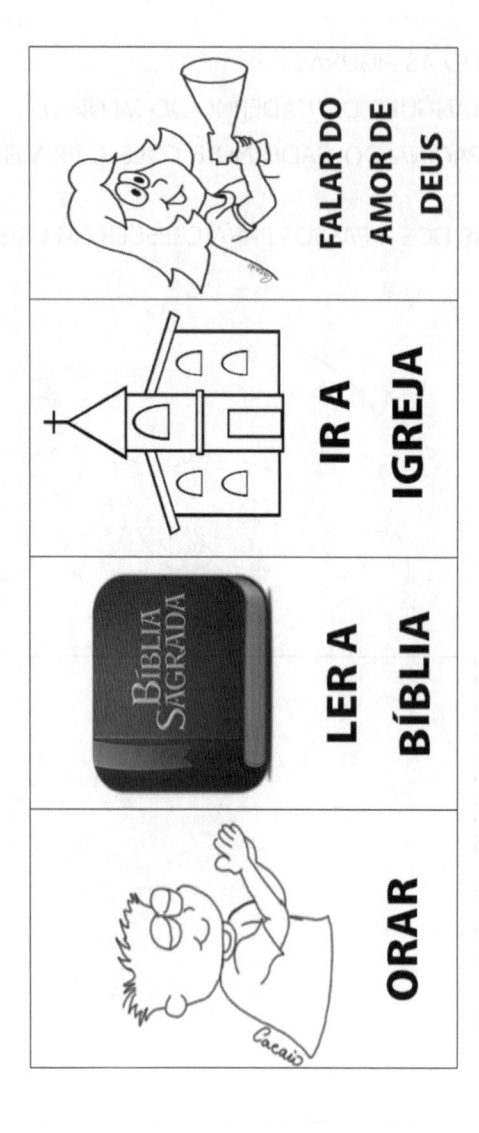

| ORAR | LER A BÍBLIA | IR A IGREJA | FALAR DO AMOR DE DEUS |

5º Dia – Trabalho Manual
8 a 12 anos

Aluno (a): _____

VALEU A PENA JESUS MORRER POR MIM

1. PINTE BEM LINDO A ÁRVORE DO CRESCIMENTO
2. COLE A CONTINUAÇÃO DO TRONCO
3. DOBRE AS LINHAS E FAÇA A ÁRVORE CRESCER. ASSIM COMO AS PLANTAS CRESCEM, NÓS TAMBÉM PODEMOS CRESCER EM CRISTO. SIGA OS 5 PASSOS.

1. Ler e Obedecer a Bíblia.
2. Fale com Deus em oração todos os dias.
3. Conte a outros sobre Jesus.
4. Mantenha sua vida pura.
5. Passe tempo com outros cristãos

EU VOU CRESCER EM CRISTO

"Crescei na Graça e no conhecimento de nosso Senhor e Salvador Jesus Cristo". 2 Pedro 3:18

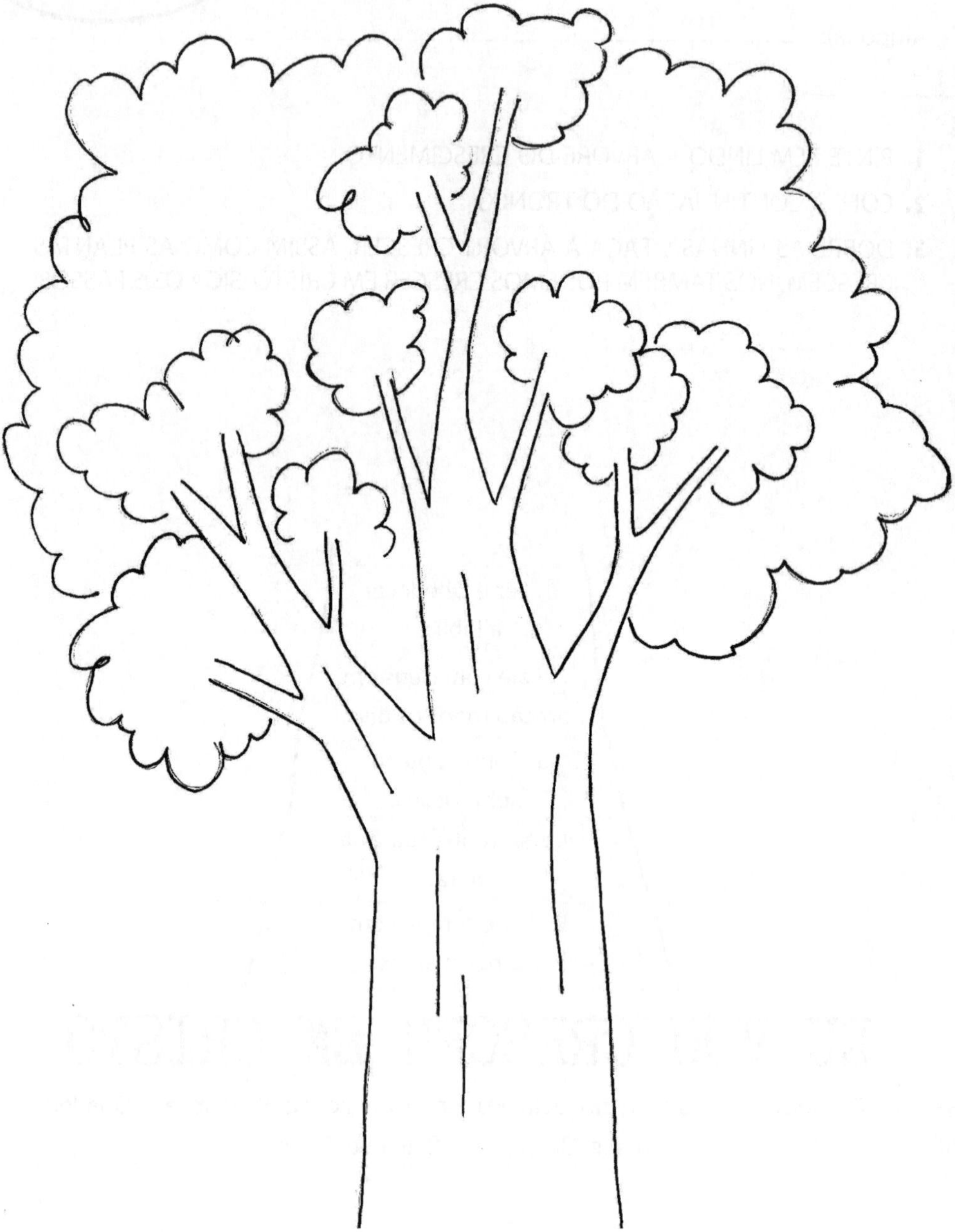

1º Dia

Minha VIDA está nas mãos DE DEUS

4 a 7 anos

Professor (a): _____

Aluno (a): _____

Classe: _____ Turno: _____

O NASCIMENTO DE MOISÉS

O Rei do Egito, com medo que os israelitas se tornassem um povo grande e forte, mandou matar todos os meninos israelitas que nascessem. Havia um menino especial e uma família que se preocupou em cuidar dele e salvá-lo. Aquela família estava nas mãos de Deus, pois confiava Nele. Assim como a família de Moisés, coloque sua família nas mãos de Deus, confie em Deus e verá o cuidado que Ele tem com você. Coloque as letras em seu quadrado e descubra quem ajudou o bebê Moisés.

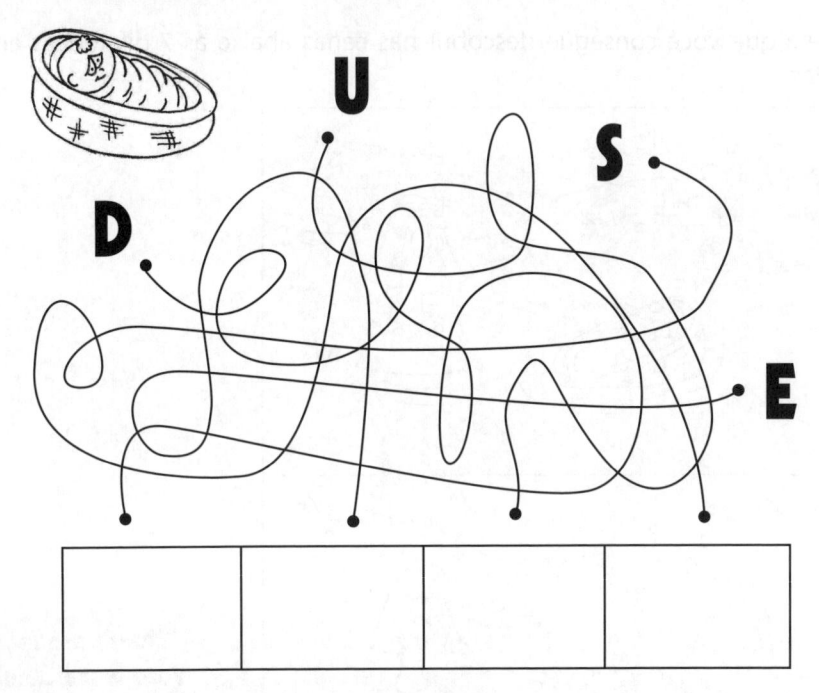

"Nunca esqueça: Você e sua família estão nas mãos de Deus; Ele tem cuidado de vocês"!!!

1º Dia

Professor (a): _____

Aluno (a): _____

Classe: _____ Turno: _____

8 a 12 anos

Minha VIDA está nas mãos DE DEUS

O NASCIMENTO DE MOISÉS

O Rei do Egito, com medo que os israelitas se tornassem um povo grande e forte, mandou matar todos os meninos israelitas que nascessem. Havia um menino especial e uma família que se preocupou em cuidar dele e salvá-lo. Aquela família estava nas mãos de Deus, pois confiava Nele. Assim como a família de Moisés, coloque sua família nas mãos de Deus, confie em Deus e verá o cuidado que Ele tem com você. Coloque as letras em seu quadrado e descubra quem ajudou o bebê Moisés.

1. Será que você consegue descobrir nas cenas abaixo as 7 diferenças entre elas?

"Nunca esqueça: Você e sua família estão nas mãos de Deus; Ele tem cuidado de vocês"!!!

1º Dia – Trabalho Manual
4 a 7 anos

Aluno (a): _____

Minha VIDA está nas mãos DE DEUS

Montando a cena

1. Pinte bem colorido a cena de Moisés no cesto.
2. Cole a imagem numa folha de color set colorida
3. Faça uma sanfona com uma tirinha de papel e cole no verso do cestinho.
4. Cole o cestinho no rio do cenário.
5. Está pronto a linda cena de Moisés sendo encontrado pela filha de Faraó.

1º Dia – Trabalho Manual
8 a 12 anos

Aluno (a): _____

Minha VIDA está nas mãos DE DEUS

Nesta cesta de vime, faça o bebê Moisés com massa de modelar e enrole num paninho e coloque dentro do cesto.

Uma linda lembrança dessa inesquecível aula.

2º Dia

Professor (a): _____

Aluno (a): _____

Classe: _____ Turno: _____

4 a 7 anos

O CHAMADO DE MOISÉS

Moisés foi salvo por um milagre, pois sua família decidiu confiar em Deus; Ele foi criado pela sua própria mãe e educado como príncipe. Um dia, quando Moisés já tinha 40 anos, viu um egípcio maltratando um escravo hebreu, e então matou o egípcio. Por isso precisou fugir para o deserto, onde ficou mais 40 anos cuidando de ovelhas. Deus tinha uma tarefa especial para Moisés, foi quando Deus falou com ele no meio de um arbusto que ardia em fogo. Moisés foi o escolhido para libertar o povo do Egito, ele decidiu fazer o que Deus havia mandado. Entregue suas decisões nas mãos de Deus, e Ele o ajudará a fazer Sua Vontade que é boa e perfeita.

1. Vamos ver se você prestou atenção na história? Faça um círculo na profissão de Moisés.

2. Agora capriche na pintura que mostra Deus falando com Moisés através do arbusto.

"Diga SIM, quando Deus o chamar"

2º Dia

Professor (a): _____

Aluno (a): _____

Classe: _____ Turno: _____

Minha VIDA está nas mãos DE DEUS

8 a 12 anos

O CHAMADO DE MOISÉS

Moisés foi salvo por um milagre, pois sua família decidiu confiar em Deus; Ele foi criado pela sua própria mãe e educado como príncipe. Um dia, quando Moisés já tinha 40 anos, viu um egípcio maltratando um escravo hebreu, e então matou o egípcio. Por isso precisou fugir para o deserto, onde ficou mais 40 anos cuidando de ovelhas. Deus tinha uma tarefa especial para Moisés, foi quando Deus falou com ele no meio de um arbusto que ardia em fogo. Moisés foi o escolhido para libertar o povo do Egito, ele decidiu fazer o que Deus havia mandado. Entregue suas decisões nas mãos de Deus, e Ele o ajudará a fazer Sua Vontade que é boa e perfeita.

1. Será que você prestou atenção na história? Coloque **V** para a afirmativa **VERDADEIRA** e **F** para **FALSA**:

( ) Em certa ocasião, Moisés levou seu rebanho a um monte e viu um arbusto em chamas, mas que não consumia o arbusto.

( ) Moisés viveu durante 45 anos no deserto.

( ) Miriã era a mãe de Moisés e Joquebede era sua irmã.

( ) Moisés aceitou rapidamente o convite de Deus para falar com o povo.

( ) Moisés arrumou muitas desculpas para não falar com o povo.

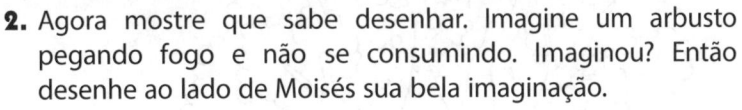

2. Agora mostre que sabe desenhar. Imagine um arbusto pegando fogo e não se consumindo. Imaginou? Então desenhe ao lado de Moisés sua bela imaginação.

"Diga SIM, quando Deus o chamar"

2º Dia – Trabalho Manual
4 a 7 anos

Aluno (a): _____

Minha VIDA está nas mãos DE DEUS

Como fazer:
1. Pinte bem bonito as figuras
2. Cole papel picado verde na grama da cena.
3. Recorte com tesoura sem ponta, Moisés e a sarça e cole na cena.

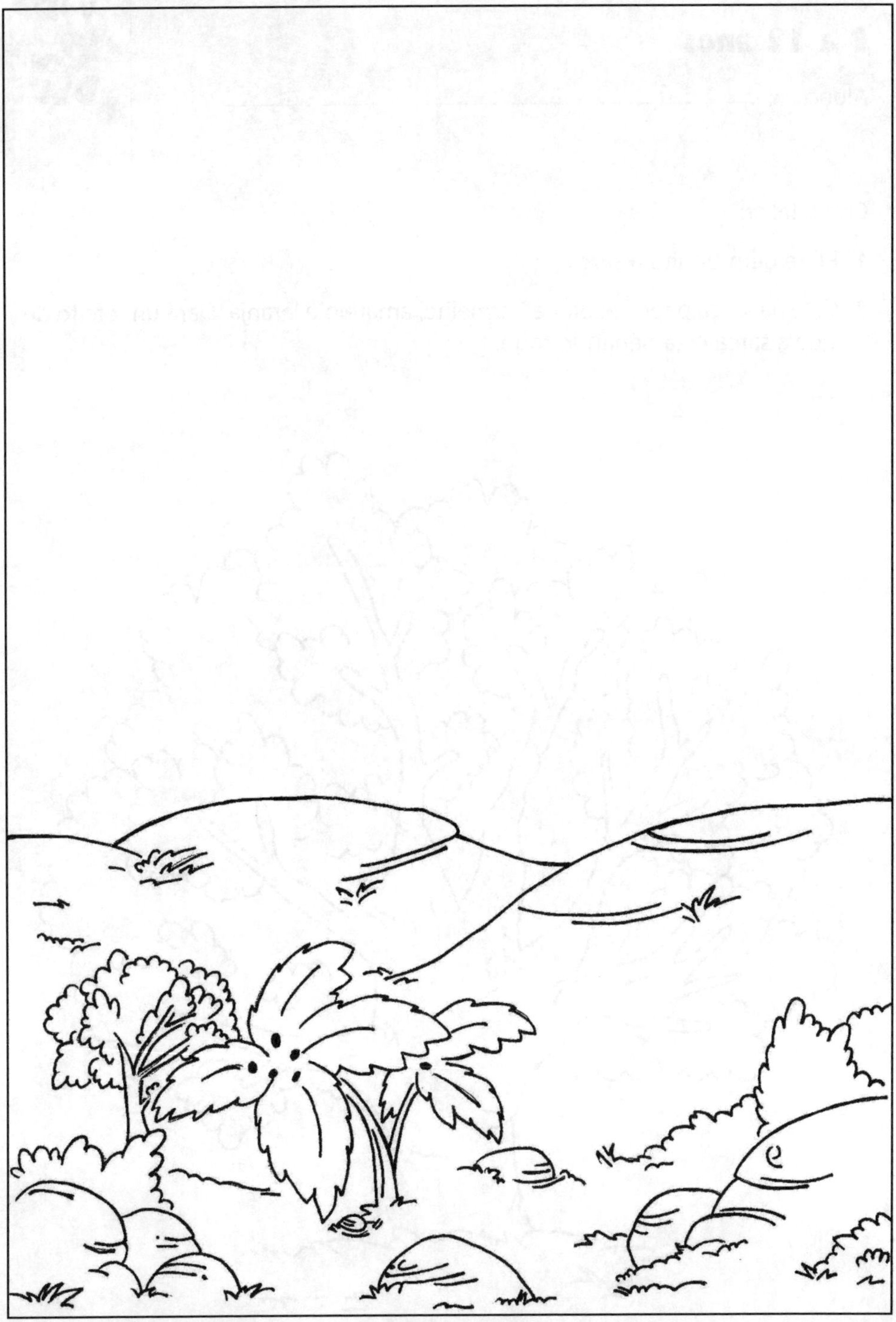

2º Dia – Trabalho Manual
8 a 12 anos

Aluno (a): _____

Como fazer:

1. Pinte bem bonito a sarça

2. Cole na sarça papel celofane vermelho, amarelo e laranja. Dará um efeito de que a sarça está pegando fogo.

3º Dia

4 a 7 anos

Professor (a): _____

Aluno (a): _____

Classe: _____ Turno: _____

Minha VIDA está nas mãos DE DEUS

MOISÉS ANUNCIA A PALAVRA DE DEUS

Deus mandou Moisés e Arão, seu irmão, falar com o rei do Egito para que ele deixasse o povo israelita ir ao deserto para adorá-LO. O rei ficou tão irritado que além de não deixar o povo sair, ainda o castigou com mais serviço. Moisés se entristeceu com o sofrimento do povo, mas ele confiava em Deus. Moisés foi falar com Deus, então Deus mandou falar o seguinte ao povo: *"Eu sou o Deus Eterno. Vou livrá-los da escravidão do Egito. Estenderei o meu Braço Poderoso para fazer cair sobre os egípcios um castigo horrível, e salvarei vocês..."*. Moisés não sabia, mas Deus já estava cuidando de tudo. Seja como Moisés coloque sua confiança nas mãos de Deus, pois Deus está agindo a seu favor.

Na figura abaixo desenhe uma vara na mão de Moisés e depois pinte o desenho bem bonito.

MESMO NAS SITUAÇÕES MAIS DIFÍCEIS, VOCÊ NÃO PRECISA TER MEDO, CONFIE EM DEUS POIS ELE ESTÁ COM VOCÊ!

3º Dia

8 a 12 anos

Professor (a): _____

Aluno (a): _____

Classe: _____ Turno: _____

Minha VIDA está nas mãos DE DEUS

MOISÉS ANUNCIA A PALAVRA DE DEUS

Deus mandou Moisés e Arão, seu irmão, falar com o rei do Egito para que ele deixasse o povo israelita ir ao deserto para adorá-LO. O rei ficou tão irritado que além de não deixar o povo sair, ainda o castigou com mais serviço. Moisés se entristeceu com o sofrimento do povo, mas ele confiava em Deus. Moisés foi falar com Deus, então Deus mandou falar o seguinte ao povo: *"Eu sou o Deus Eterno. Vou livrá-los da escravidão do Egito. Estenderei o meu Braço Poderoso para fazer cair sobre os egípcios um castigo horrível, e salvarei vocês..."*. Moisés não sabia, mas Deus já estava cuidando de tudo. Seja como Moisés coloque sua confiança nas mãos de Deus, pois Deus está agindo a seu favor.

1. Siga as instruções e descubra o nome do irmão de Moisés.

	1	2	3	4
A	O	B	P	U
B	G	E	Ã	D
C	C	I	M	R
D	Q	A	S	V

___ ___ ___ ___
D-2 C-4 B-3 A-1

2. Escreva o versículo que você memorizou hoje que está em Salmos 119:105.

_____
_____
_____

MESMO NAS SITUAÇÕES MAIS DIFÍCEIS, VOCÊ NÃO PRECISA TER MEDO, CONFIE EM DEUS POIS ELE ESTÁ COM VOCÊ!

3º Dia – Trabalho Manual
4 a 7 anos

Aluno (a): _____

Minha VIDA está nas mãos DE DEUS

1. Pinte o rosto de Faraó e Moisés

2. Com a tesoura sem ponta, recorte as duas figuras.

3. Cole um palito de picolé em cada figura e conte aos seus amigos com o fantoche de palito sobre a confiança que tem em Deus e que Ele sempre está com você assim como esteve com Moisés.

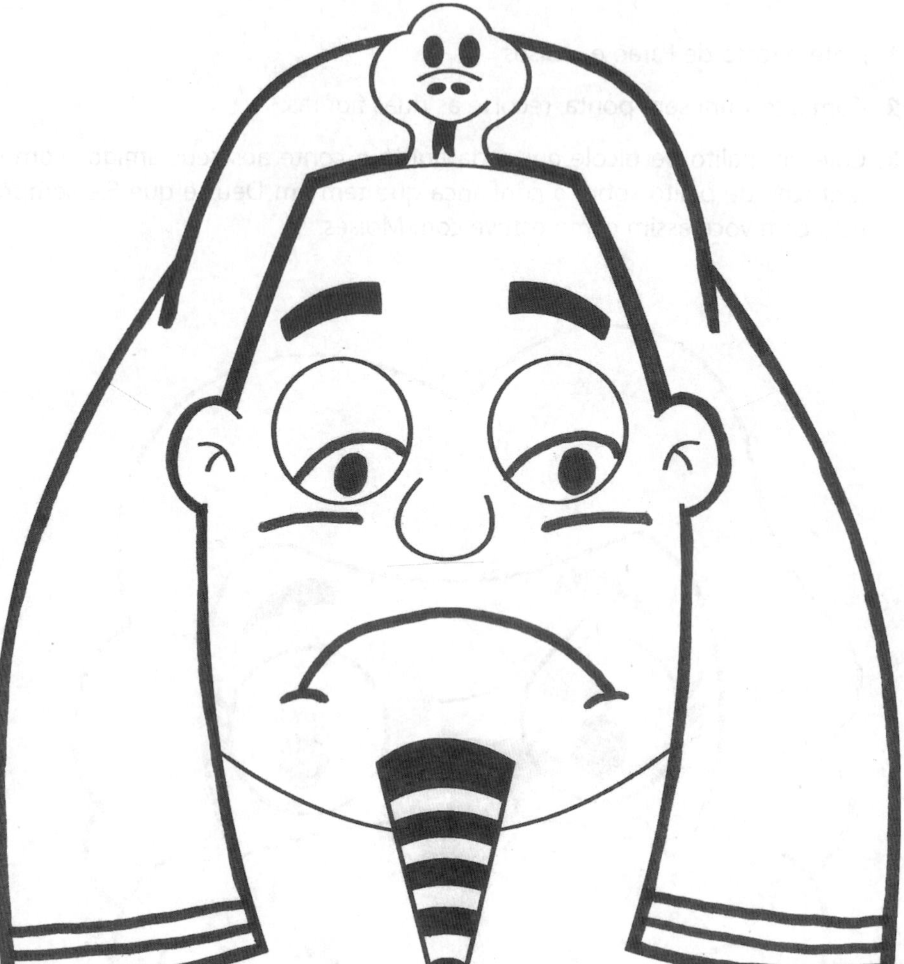

3º Dia – Trabalho Manual
8 a 12 anos

Aluno (a): _____

Minha VIDA está nas mãos DE DEUS

Como fazer:
1. Pinte
2. Recorte
3. Cole

COLE AQUI OS BRAÇOS

MUITO OBRIGADO

COLE AQUI OS BRAÇOS

MUITO OBRIGADO

4º Dia

Professor (a): _____

Aluno (a): _____

Classe: _____ **Turno:** _____

4 a 7 anos

Minha VIDA está nas mãos DE DEUS

MOISÉS E O PODER DE DEUS

Moisés e Arão várias vezes foram falar com o rei em nome de Deus, mas o rei, teimoso, não permitiu a saída dos israelitas. Deus mostrou o Seu Poder ao rei mandando 10 pragas, isto é, dez coisas muito ruins. Faraó estava com o coração duro, cheio de pecado. Deus não gosta do pecado, e quer que você tenha o coração limpo, por isso coloque seu coração nas mãos de Deus.

Rãs e Moscas foram 2 das pragas do Egito. Observe com atenção e descubra quantas rãs aparecem abaixo:

DEUS É SOBERANO. Ele usou até a teimosia de Faraó para mostrar Seu grande poder! TUDO ESTÁ EM SUAS MÃOS!!!

4º Dia

8 a 12 anos

Professor (a): _____

Aluno (a): _____

Classe: _____ Turno: _____

Minha VIDA está nas mãos DE DEUS

MOISÉS E O PODER DE DEUS

Moisés e Arão várias vezes foram falar com o rei em nome de Deus, mas o rei, teimoso, não permitiu a saída dos israelitas. Deus mostrou o Seu Poder ao rei mandando 10 pragas, isto é, dez coisas muito ruins. Faraó estava com o coração duro, cheio de pecado. Deus não gosta do pecado, e quer que você tenha o coração limpo, por isso coloque seu coração nas mãos de Deus.

1. Enumere as pragas que Deus mandou para castigar os egípcios, seguindo a ordem em que aconteceram.

DEUS É SOBERANO. Ele usou até a teimosia de Faraó para mostrar Seu grande poder! **TUDO ESTÁ EM SUAS MÃOS!!!**

4º Dia – Trabalho Manual
4 a 7 anos

Aluno (a): _____

1. Transfira o molde do corpo do sapinho e patas para o E.V.A. verde.
2. Recorte no E.V.A. os olhos em preto e branco, as bochechinhas em marrom ou rosado e os detalhes das patas em amarelo.
3. Faça a montagem como na foto em uma garrafa PET pequena verde.
4. Use a cola de contato ou cola quente com ajuda de um adulto. Está pronto o porta lápis.

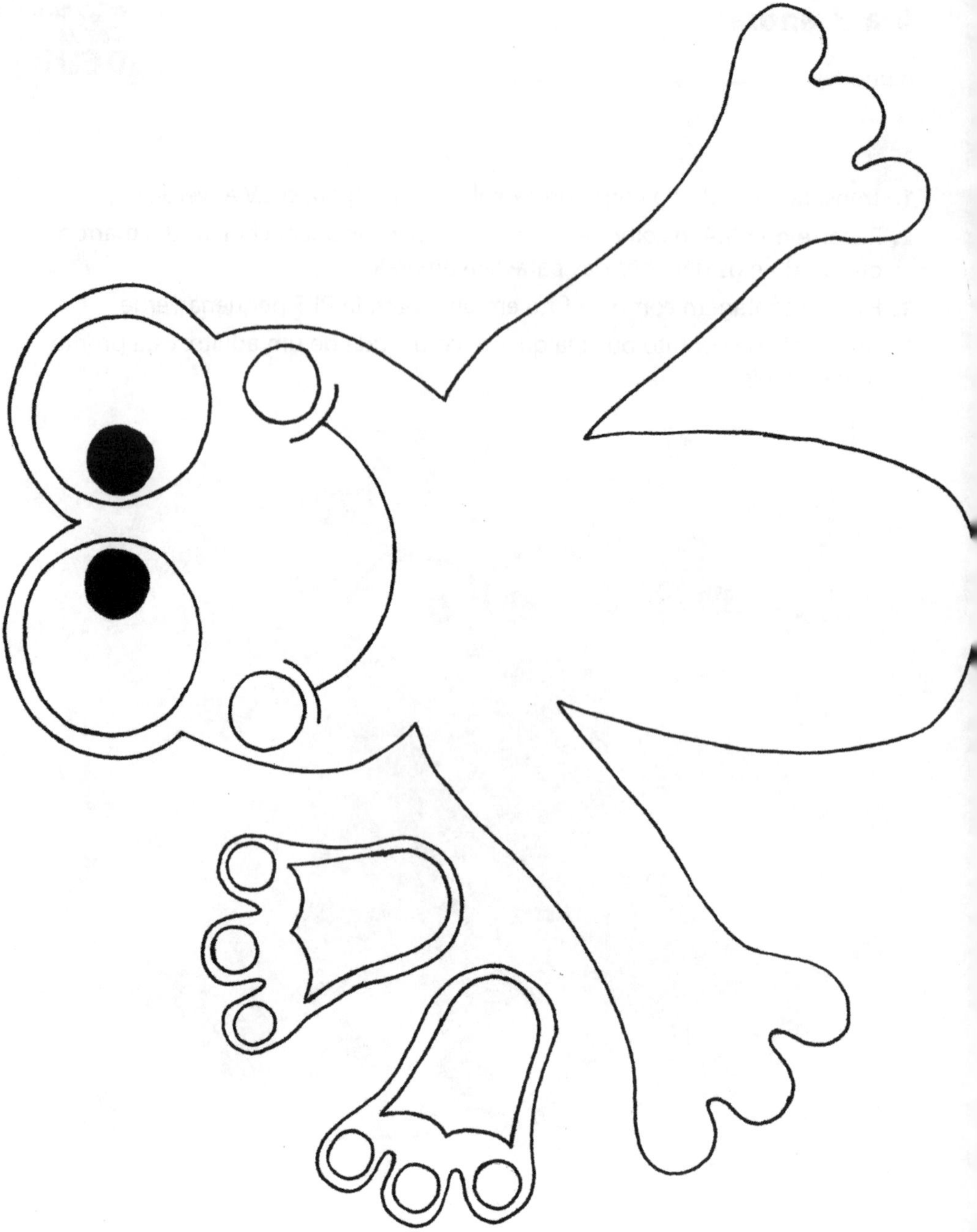

4º Dia – Trabalho Manual
8 a 12 anos

Aluno (a): _____

Colocando em ordem as 10 pragas do Egito.

1. Monte o bloco sanfonado com as páginas numéricas em ordem crescente. Junte uma página na outra com durex no verso.
2. Pinte as figuras e cole de acordo com a ordem de acontecimento das pragas.
3. Compartilhe com seus amigos o cuidado de Deus para com seu povo.

AS DEZ PRAGAS DO EGITO

Minha VIDA está nas mãos DE DEUS

1

2

3

4	5
6	7

8

9

10

"... E O SANGUE DE JESUS, SEU FILHO, NOS PURIFICA DE TODO PECADO".
1 JOAO 1:7

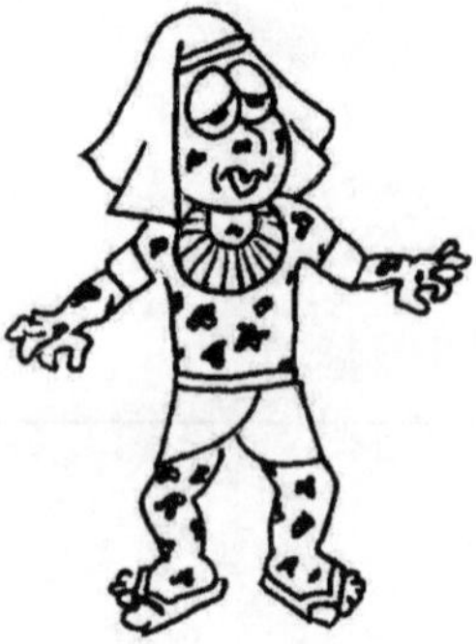

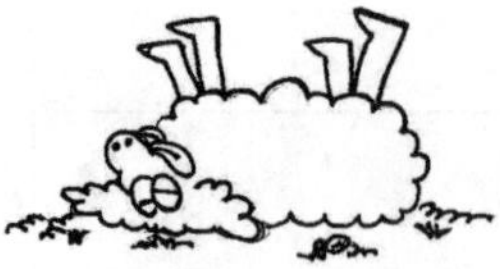

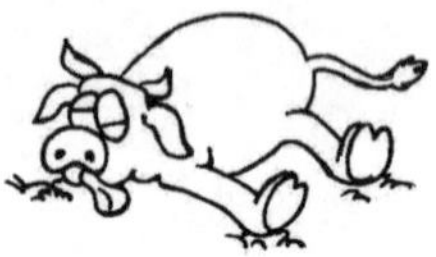

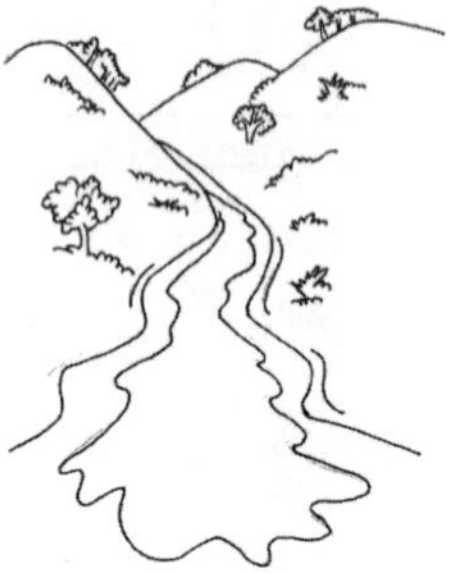

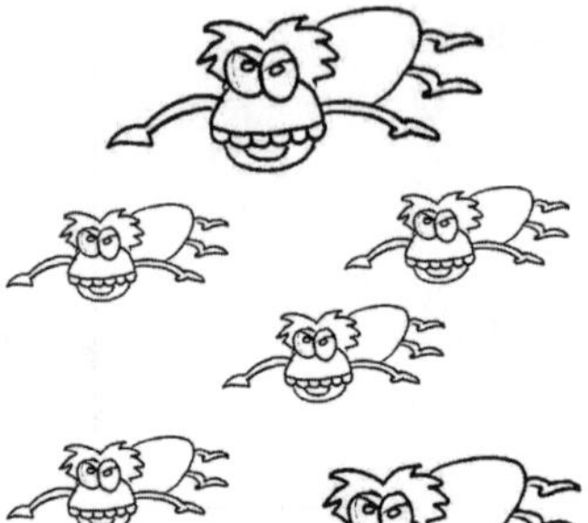

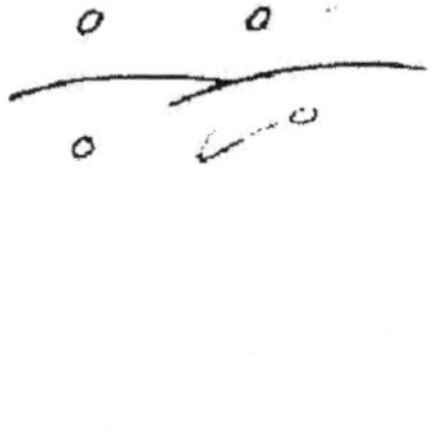

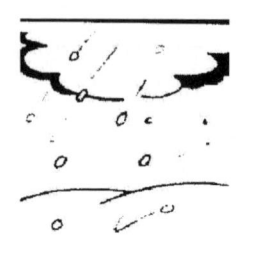

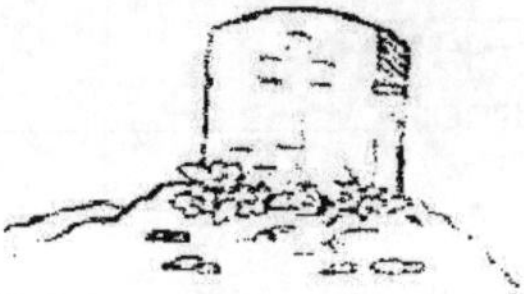

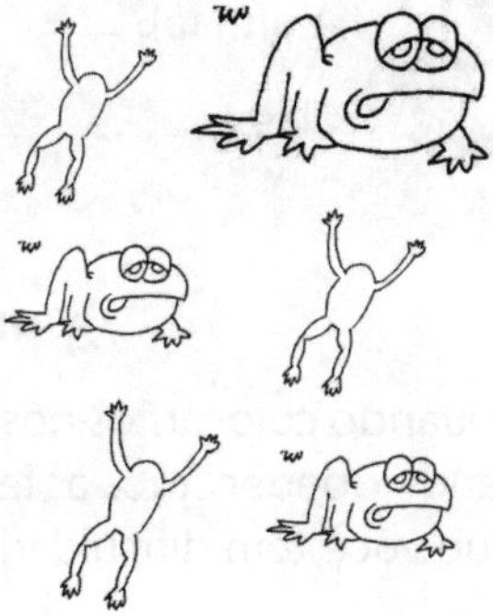

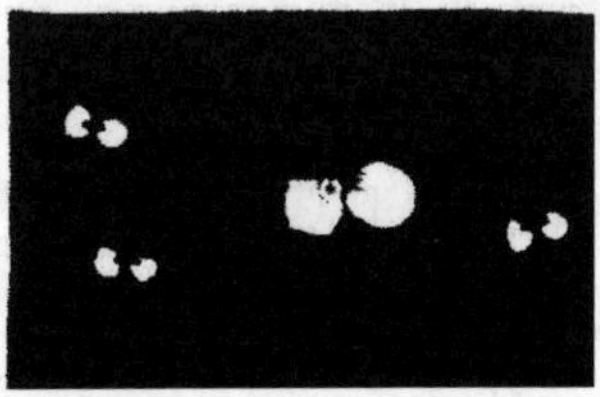

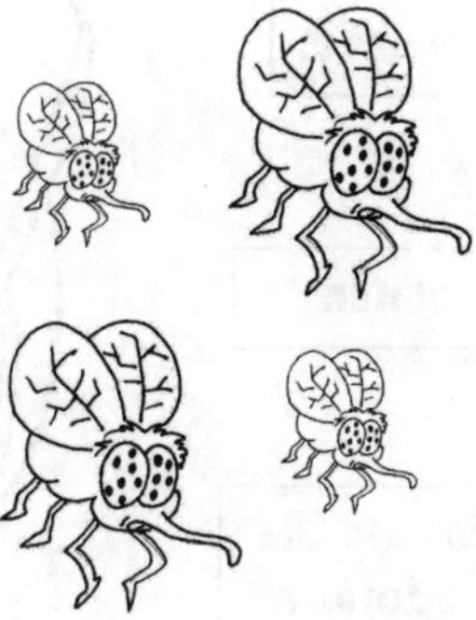

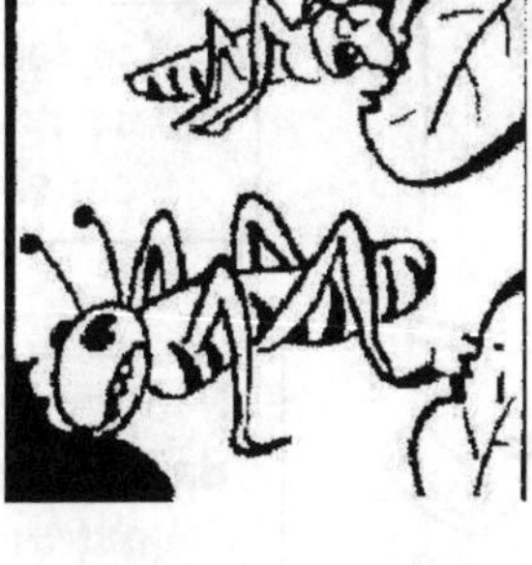

5º Dia

Professor (a): _____

Aluno (a): _____

Classe: _____ Turno: _____

4 a 12 anos

Minha VIDA está nas mãos DE DEUS

A PROVISÃO DE DEUS

Quando colocamos nossa vida nas mãos de Deus, Ele cuida de tudo pra nós. Quando obedecemos as leis de Deus temos uma vida feliz. Faça um círculo na Lei que você tem dificuldade de obedecer.

- Não adorar outros deuses.
- Obedecer ao papai e mamãe.
- Não matar.
- Separar um dia para adorar a Deus.
- Ser fiel.
- Não roubar.
- Amar a Deus.
- Não falar mentiras das pessoas.
- Não falar o nome de Deus em vão.
- Não ter inveja das coisas dos outros.

ORE. PEÇA AJUDA A DEUS PARA OBEDECER TODAS AS LEIS QUE ELE NOS ORDENOU A OBEDECER.

5º Dia – Trabalho Manual
4 a 12 anos

Aluno (a): _____

Minha VIDA está nas mãos DE DEUS

Monte o cartão de Moisés abrindo o mar

1. Faça um colorido em Moisés

2. Recorte as ondas do mar em papel azul. Duas ondas de cada molde.

3. Veja como fica o cartão montado.

"SABEMOS QUE TODAS AS COISAS COOPERAM PARA O BEM DAQUELES QUE AMAM A DEUS". ROMANOS 8:28

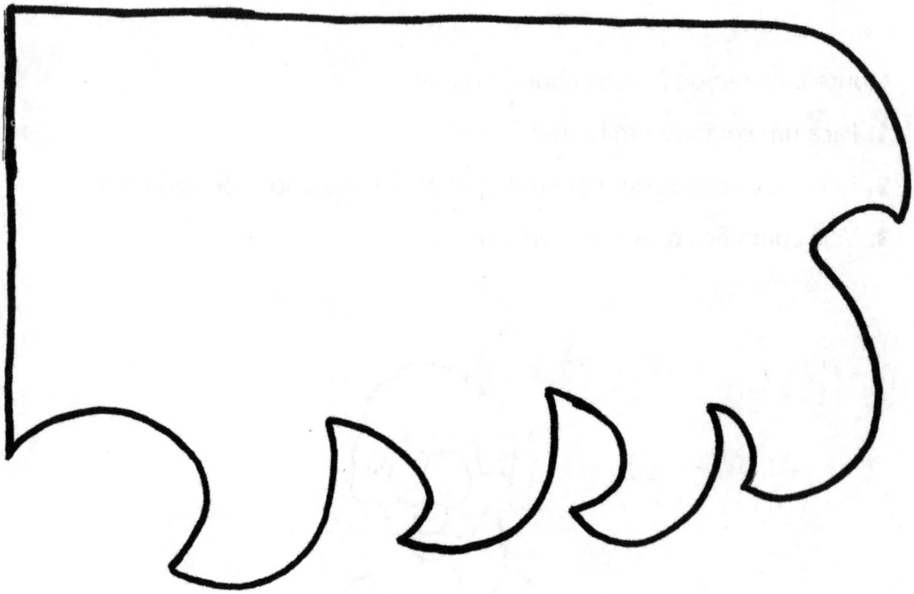

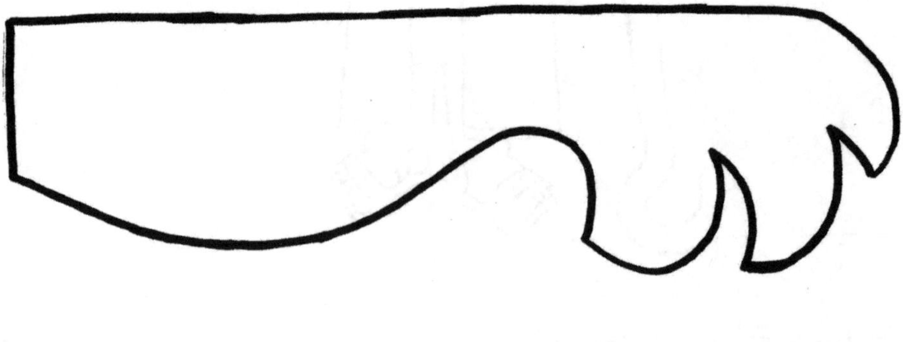

16.
Sugestões para enriquecer a EBF

Para que o seu evento seja ainda mais rico e dinâmico você pode incrementar o ambiente ou até mesmo desenvolver acessórios tais como pulseiras, porta trecos, estojos, sacolas, aventais e outros itens que agregarão valor, serão utilizados como presentes ou servirão para serem vendidos para arrecadar verba para a realização de sua Escola Bíblica de Férias ou Colônia de Férias.

As pessoas da igreja estão com seus corações abertos e prontos para colaborar, ainda que seja com pequenos valores. Não hesite em envolvê-las, pois quem ganha vidas infantis para o Reino de Deus faz algo muito relevante.

Nossas sugestões são bem simples e você pode acrescentar as suas próprias ideias e fazer do seu jeitinho.

234 EBF e Colônia de Férias Criativas e Dinâmicas

16. Sugestões para enriquecer a EBF

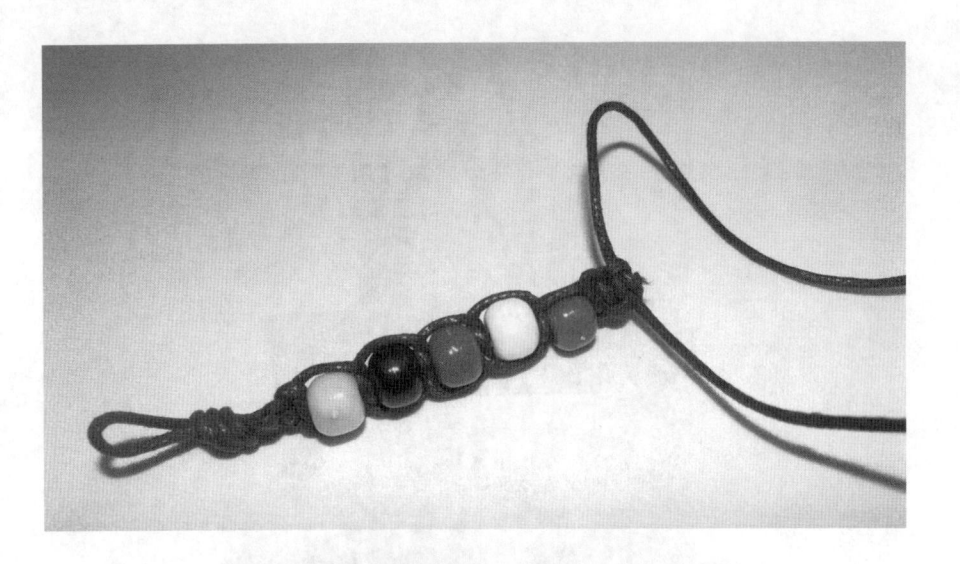

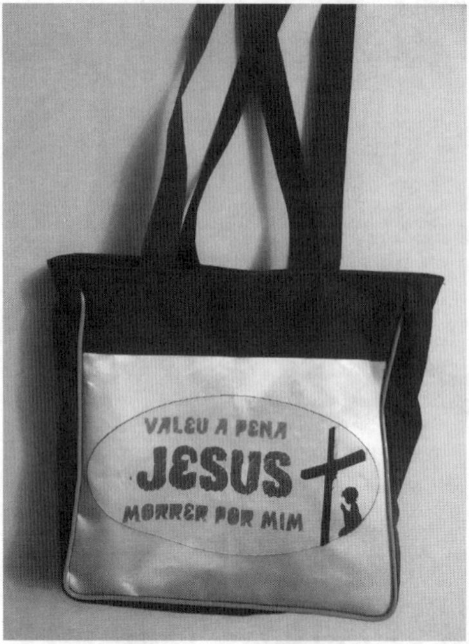
VALEU A PENA
JESUS
MORRER POR MIM

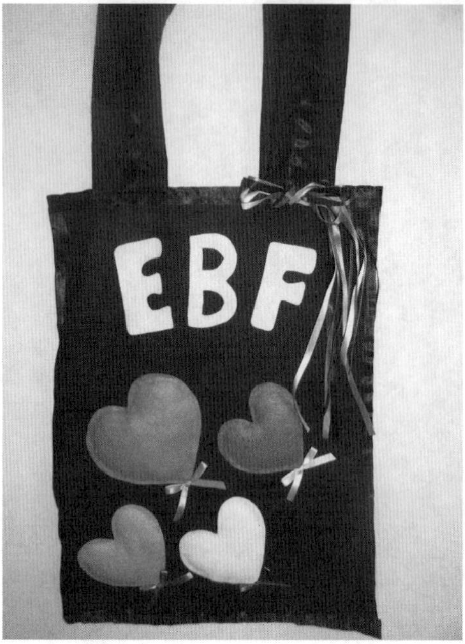
EBF

MUITO MAIS LIVROS

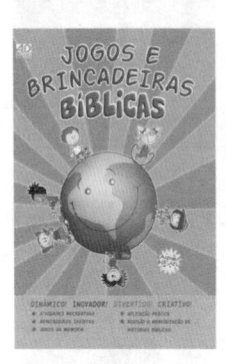

SUA OPINIÃO É MUITO IMPORTANTE PARA NÓS.

Escreva para:

ebf@adsantos.com.br e compartilhe
conosco suas impressões e sugestões.

Será um prazer trocar ideias com você.
Se desejar, acompanhe-nos nos seguintes endereços eletrônicos:

facebook.com/adsantoseditora   @AdsantosEditora

youtube.com.br/adsantoseditora10